MAIMAI HETONG YANJIU

买卖合同

研究

张建鹰 著

四川大学出版社

项目策划：梁　平
责任编辑：李勇军
责任校对：孙滨蓉
封面设计：胜翔设计
责任印制：王　炜

图书在版编目（CIP）数据

买卖合同研究 / 张建鹰著 . 一 成都：四川大学出
版社，2021.2（2024.6 重印）
ISBN 978-7-5690-2530-9

Ⅰ．①买… Ⅱ．①张… Ⅲ．①买卖合同－合同法－研
究－中国 Ⅳ．① D923.64

中国版本图书馆 CIP 数据核字（2018）第 247174 号

书名	买卖合同研究
著　　者	张建鹰
出　　版	四川大学出版社
地　　址	成都市一环路南一段 24 号（610065）
发　　行	四川大学出版社
书　　号	ISBN 978-7-5690-2530-9
印前制作	四川胜翔数码印务设计有限公司
印　　刷	永清县晔盛亚胶印有限公司
成品尺寸	148mm×210mm
印　　张	7.75
字　　数	209 千字
版　　次	2021 年 2 月第 1 版
印　　次	2024 年 6 月第 2 次印刷
定　　价	58.00 元

四川大学出版社
微信公众号

前　言

　　2017 年实施的《中华人民共和国民法总则》（以下简称《民法总则》）相较于《中华人民共和国合同法》（以下简称《合同法》）而言，在交易主体、交易行为的界定上都具有重大的进步，尤其是在无效民事法律行为的类型上，填补了合同法的漏洞，调整了可撤销民事法律行为的类型，建立了第三人欺诈与第三人胁迫制度，废除了以合法形式掩盖非法目的的合同类型。在如此背景下写这本《买卖合同研究》，是因为买卖是最好的交易制度模型，对市场交易具有较强的示范效应，买卖合同制度应该与上位法《民法总则》有更好的协调，才能保障交易秩序的良好运行。

　　本书共 9 章内容，包括买卖合同的概述、买卖合同的法律关系、买卖合同的效力、买卖合同的实际违约和预期违约、格式买卖合同、预约买卖合同、所有权保留买卖合同和分期付款买卖合同、试用买卖合同和凭样品买卖合同以及拍卖、招投标买卖、优先权买卖、易货买卖等。其中前 4 章从买卖合同的总论角度探讨买卖的特征、设立、法律关系、效力，后 5 章主要从特殊买卖关系入手分别阐述了格式买卖、预约买卖、所有权保留买卖、分期付款买卖、试用买卖、凭样品买卖、拍卖、招投标买卖、优先权买卖等。

　　本书还结合最高人民法院近年出台的买卖合同的相关司法解释内容，借鉴和吸收国内外学者的最新研究成果，对买卖合同的基本内容和基本规则进行了较为深入的阐述，本书对于买卖合同相关问题的探讨和研究，不仅对普通的买卖合同和特殊买卖合同的界定和执行具有法律意义，也对合同法上的有偿性合同的理解和法律适用具有重要意义。

本书也是西南石油大学"审判中心主义路径研究"课题（校社专项086）的阶段性成果。

张建鹰

2018 年 6 月

目　录

第一章　买卖合同概述

一、买卖合同的概念和特征

买卖制度在市场经济各类活动中具有较强的示范效应，是较佳的交易制度模型。在诸多有偿交易行为中，买卖行为是最普遍、最重要的一种。人们通过出售货物以换取货币，或以货币换取所需要的物品，在满足自身需求的同时，也为繁荣货物市场和货币市场奠定了基础。买卖是社会必要劳动时间之间的一种交换，买卖所具有的这种极其重要的地位从未发生动摇，即使是在由政府管制的经济形态中，买卖也是不可或缺的。在一个运转正常的市场中，买卖这一基本制度具有多种形式，它们贯穿着整个供销体系，从生产者开始，经过批发商和零售商，直到最终的消费者。

买卖是买卖双方经过协商约定，卖方向买方转移买卖标的物的财产所有权，买方向卖方支付约定的价金的行为。转移所有权和支付价金是买卖的核心要件，是买卖作为一种民事法律行为区别于其他民事法律行为的根本标志。

买卖作为一种双方有偿的行为，买卖活动中必须有双方当事人的存在。通过买卖行为，买方取得原本属于卖方所有的标的物，并支付给卖方一定的价款，卖方取得价款，并交付给买方货物。买卖行为的这一要素使其与赠与行为等无偿行为区分开来。

（一）买卖合同的概念

买卖合同是指通过当事人的合意一致而将某物的所有权转移至另一方当事人，以取得金钱上价值的交易而形成的合同。

我国《合同法》第 130 条规定：买卖合同是出卖人转移标的物的所有权于买受人，买受人支付价款的合同。我国《合同法》中规定的买卖合同属于比较狭义的"买卖"，它原则上只规范实物买卖，而不规范权利买卖、知识成果的转让或者特许。

大陆法系一般认为，买卖合同是指当事人约定一方转移财产权于他方，他方支付价金之契约。《法国民法典》第 1582 条规定：买卖，为一方承担交付标的物，而他方承担支付价金的义务的契约。《日本民法典》第 555 条规定：买卖，因当事人约定，一方移转某项财产权于相对人，相对人支付价金，而发生效力。《德国民法典》第 433 条分别规定了"物"的买卖和"权利"的买卖的定义。其关于物的买卖的规定与《法国民法典》《日本民法典》的有关规定大致相同。《意大利民法典》第 1470 条有关买卖的规定与《法国民法典》《日本民法典》的规定也大致相同。

在英美法系中，英国 1979 年《货物买卖法》第 2 条规定：货物买卖合同是指出卖人为取得价金之对价而向买受人转让或同意转让其货物所有权的合同。有的学者认为，美国的买卖合同就是指买卖双方经过协商约定，卖方向买方移转买卖标的物的财产所有权，买方向卖方支付约定的价金而订立的合同。

英美法系、大陆法系关于买卖合同的概念，并无实质的差别，都是通过对当事人双方的主要权利、义务的描述来定义买卖合同，而对于双方当事人主要权利义务的认识也基本相同。只是有的将买卖合同定义为狭义的实物买卖，而不包括权利买卖；有的则将实物买卖和权利买卖均纳入买卖合同的范围。我国《合同法》第 130 条将买卖合同定义为狭义的买卖，即实物买卖。

（二）买卖合同的特征

1. 买卖合同为双务合同

买卖双方当事人互为债务人，买卖合同的双方当事人在享有合同权利的同时，都负担相应的合同义务。出卖人负有转移标的物所有权的义务，同时也享有主张价款的权利。买受人负有支付价款的义务，同时也享有主张标的物所有权的权利。在同一个合同中存在两组以上彼此相对应的权利义务关系，符合双务合同的特征，属于典型的双务合同。买卖合同的双务性质，还决定了合同法中同时履行抗辩权、先履行抗辩权、不安抗辩权等制度适用于买卖关系。

2. 买卖合同为有偿合同

买卖合同双方当事人均以付出对价为条件而取得特定利益，买受人对标的物的取得应支付相应的价款，出卖人以向买受人让渡财产权而取得一定数额的货币，双方均为有偿获得，体现了买卖的有偿性。买卖合同是商品交换的最典型的法律形式，其有偿性质是由商品交换的价值规律决定的。这一规律的要求是等量的价值交换即必须是等价有偿的。买卖合同的有偿性将它与赠与合同等无偿合同区别开来。《合同法》第174条规定：在法律未对其他有偿合同作特别规定时可参照买卖合同有关规定。

3. 买卖合同为诺成性合同

除法律另有规定或当事人另有约定外，买卖合同自双方当事人意思表示一致之时成立，并不以一方当事人标的物的交付或一定行为的进行作为合同的成立要件。买卖合同的诺成性要求当事人自意思表示一致时，即受合同约束，不得主张合同不成立而拒不履行合同。诺成性合同的本质也反映了交易的基本精神，即合意的精神，在我国合同法上以诺成性合同为主，以实践性合同为例外。买卖合同的这一特征，使它与民间借贷合同、保管合同、借用合同等实践性合同区分开来。

4. 买卖合同一般不要式合同

法律和行政法规并未要求当事人之间的买卖合同关系采用书面形式或其他固有的方式，买卖双方当事人订立合同既可以采用口头形式也可以采用书面方式。因此，买卖合同通常为不要式合同。《合同法》第10条规定：当事人订立合同，有书面形式、口头形式和其他形式。法律、行政法规规定采用书面形式的，应当采用书面形式。当事人约定采用书面形式的，应当采用书面形式。买卖合同作为一种合同形式，既可以采用口头形式，也可以采用书面形式或者其他形式。

5. 买卖合同为转移所有权的合同

买卖合同的出卖人须将其财产的占有、使用、收益和处分的权利完全转移给买方，买方取得对该财产的支配权。买卖合同的本质是卖方在法律上有权决定标的物的命运，把充分支配财产的权利完全转让给买方。买卖合同是标的物最终支配权的转让，在转让之后，原来享有权利的一方当事人丧失所有权，不再享有对标的物任何权利。这是买卖合同区别于租赁合同等转让使用权、提供劳务合同的基本特征。

6. 买卖合同是有名合同

买卖合同是《合同法》分则第一部分中明确规定的合同，因此属于有名合同。买卖合同是最普遍、最基本的有名合同，也是具有最强示范效应的合同。

二、买卖合同与其他合同的区别

（一）买卖合同与赠与合同的区别

赠与合同是指赠与人将自己的财产或者财产权利无偿给予受赠人，受赠人表示接受赠与的合同。转移财产的一方为赠与人，受领财产的一方为受赠人。

1. 赠与合同是转移财产所有权的合同，但赠与的范围与买卖不同

赠与合同以赠与人将其财产给予受赠人所有为内容，赠与的结果发生财产所有权的转移。这是赠与合同与买卖合同、互易合同的相同点，也是它与借用合同的重要区别。但是在标的物的范围买卖合同与赠与合同上有很大不同。

赠与合同的标的物可以是法律不禁止的各种实物、货币、有价证券及财产权利，财产权利可以是票据权利，也可以是专利申请权、专利权、商标专用权、商号专用权、非专利技术使用权等知识产权。其中，有价证券的赠与要履行背书的法律手续才能成立。专利权、商标专用权的赠与要到政府主管部门办理过户登记或者备案等手续。不动产如房产、特殊的动产如机动车辆的赠与，要到行政主管部门办理产权过户手续，赠与才能成立。但是在我国买卖合同的标的物主要是动产和不动产，而不包括权利交易和知识产权交易。

2. 赠与合同是单务的无偿合同

赠与合同中仅赠与人负有将其财产给付受赠人的义务，而受赠人并不负担任何义务。即使是附负担的赠与，受赠人履行所附的负担也不是赠与人履行义务的对价，不是以赠与人为给付对象

的履行行为，赠与合同是单务合同。受赠人取得赠与标的物不需付任何代价，因此，赠与合同是无偿合同。受赠人是纯粹的受益人，即使无完全民事行为能力人也可以单独地接受赠与，赠与人不能以受赠人无完全民事行为能力而主张赠与无效。而买卖合同却是典型的双务有偿合同。

3. 赠与合同虽是诺成合同但也具有实践性

我国《合同法》规定赠与人在交付财产之前可以撤销赠与。若赠与具有救灾、扶贫等社会公益、道德义务性质的或者采用书面形式订立的赠与合同，赠与人在交付财产之前不能撤销赠与。因此，一般赠与合同是实践合同，而具有救灾、扶贫等社会公益、道德义务性质的或采用书面形式订立的赠与合同是诺成性合同。买卖合同是典型的诺成合同。

综上，赠与合同与买卖合同虽同为转移所有权的合同，但是赠与合同与买卖合同转移的财产范围不同，对价关系上也有本质的区别。

（二）买卖合同与租赁合同的区别

租赁合同是出租人将租赁物交付承租人使用、收益，承租人支付租金的合同。《合同法》第212条规定：租赁合同是出租人将租赁物交付承租人使用、收益，承租人支付租金的合同。在租赁合同中，出租人作为租赁物的所有权人或者处分权人，将租赁物交付给承租人，承租人在一定期限内使用租赁物并支付租金，并且于租赁期限届满时返还租赁物给出租人。

1. 租赁合同为转移财产使用权和收益权的合同

租赁合同以承租人取得租赁物的使用收益权为目的，这是它与买卖合同相互区别的最主要标志。承租人可以对承租物使用收益，但却无权处分。出租人交付租赁物，在其自己不再占有、使用租赁物的同时，却并未失去对租赁物的所有权或者处分权。买卖合同是典型的转移所有权的合同。

2. 租赁合同的标的物为非消耗的特定物

承租人取得租赁物的目的，在于对租赁物进行使用以及利用它获得收益，并且在租赁期限届满时承担返还租赁物义务，因此，作为租赁合同标的物的租赁物只能表现为有形物、非消耗物、特定物。只有这样，才能发生租赁物的返还，才能与租赁合同的性质和目的相符，而买卖合同是转移所有权的合同，转移的货物可以是耐用物，也可以是消耗物。

3. 租赁合同是双务、有偿、诺成性合同

在租赁合同中，出租人提供租赁物，收取租金，承租人使用租赁物，交付租金。当事人双方的权利义务相互对应，取得租赁物的使用收益权与交付租金之间存在着对价关系，租赁合同自租赁人与承租人达成协议时成立，不以实际交付标的物作为合同成立的要件。买卖合同虽然也为双务、有偿、诺成性合同，但是合同的内容和目的是不同的。

4. 租赁合同一般为要式合同

租赁合同的形式主要取决于租赁期限的长短。租赁期限在6个月以上的，应当采用书面形式。租赁合同的内容包括租赁物的名称、数量、用途、租赁期限、租金及其支付期限、租赁物维修等条款。而买卖合同一般为不要式合同。

综上，租赁合同与买卖合同虽都是双务、有偿、诺成性合同，但是转移财产的属性、合同标的物性质等方面存在差异。

（三）买卖合同与互易合同的区别

互易合同是双方当事人以金钱以外的财产进行相互交换而达成的合同。互易合同中的双方当事人以物进行交换，任何一方都要向对方提供交付的货物，并接受对方的货物。我国《合同法》第175条规定：当事人约定易货交易，转移标的物所有权的，参照买卖合同的有关规定。

互易合同的法律特征主要表现为：它是以物易物的合同，是转移财产所有权的合同，是双务、有偿、诺成性的合同。

互易合同的主体就是签订互易合同，并进行财产交换的当事人。互易合同的主体与买卖合同的主体一样，应当享有标的物的所有权或者有权处分标的物，并都应依法有民事权利能力和民事行为能力。互易合同的客体是双方交付互易财产的行为。这些财产主要指除金钱以外的实物，既可以是动产，也可以是不动产；既可以是种类物，也可以是特定物。商标、专利、作品等不能作为互易合同的财产。互易合同的内容是指互易合同双方当事人的权利和义务。由于互易合同的当事人任何一方都既为买受人又为出卖人，因此其最基本的权利和义务是：按照合同约定的时间、地点和方式履行向对方交货的义务，同时享有接受对方交付货物的权利。

互易合同实际上是一种特殊形式的买卖合同，双方当事人之间既是买受人，又是出卖人，因此在互易合同的订立和履行中，可以参照买卖合同的有关规定执行。互易合同与买卖最大的区别就是买卖以物与价金交换，而互易则为物物交换。

（四）买卖合同与承揽合同的区别

我国《合同法》第251条规定，承揽合同是当事人一方按照他方的要求完成一定的工作并交付工作成果，他方支付报酬的合同，又称加工承揽合同，包括加工、定作、维修、印刷、复制、勘测、设计、检验、鉴定等合同。

承揽合同的法律特征主要体现在几个方面，即承揽合同的标的是完成一定的工作并交付具有特定性标的，承揽人完成工作具有独立性，承揽合同具有人身信任依附性以及承揽合同是诺成、双务、有偿和不要式的合同。

买卖合同与承揽合同都属于双务、有偿、诺成性合同，就承揽方将劳动成果交付定作方而获得约定的报酬来看，与买卖合同出卖人将标的物交付给买受人相类似。但两者有如下显著区别。

1. 交易的目的不同

买卖合同是转移财产所有权的合同，而承揽合同是提供技能和劳务的合同。承揽合同的目的在于由特定的承揽人以其设备、技术和劳动力为定作方完成工作。其工作成果是依定作方要求的规格、技术和质量而完成的，属于特定物。但在某些情况下，承揽合同的履行也会涉及财产所有权的转移。在承揽方备料的定作合同情况下，工作物完成前，所有权属于承揽方，只有向定作方交付工作成果时，所有权才发生转移。

2. 交易的对象不同

买卖合同的对象是货物时，既有种类物，又有特定物；而承揽合同的工作成果体现为物时，仅为特定物。买卖合同所涉货物多为种类物，即一般通用商品，可以替代履行。而承揽合同的定作人多是在一般性市场上购买不到某种商品，转而与承揽人订立承揽合同，以满足其对具有特殊用途、特种规格的商品的需求。所以，承揽合同的标的具有特定性，即用于定作方的具体要求而使标的物特定化。

买卖合同的标的物可以是现货，也可以是未来货。未来货是指买卖合同签订时，买卖标的物尚不存在。承揽合同的标的物在签订合同时并不存在，只有等承揽方履行合同义务后，作为工作成果，该标的物才出现。

3. 对交易当事人以及当事人的履行要求不同

承揽合同具有人身信任依附性，定作人之所以与承揽人签订承揽合同是基于对承揽人进行了解之后产生信任而决定的，定作人相信承揽人以自己的技术、设备和劳力能独立完成工作。基于这种信任基础，承揽人未经定作人同意不得将承揽的工作交给第三人完成，否则就违背了承揽合同订立的基础，但当事人另有约定的除外。承揽方将其承揽的主要工作交由第三人完成的，应当就该第三人完成的工作成果向定作人负责；未经定作人同意，定作人可以解除合同。

承揽人完成工作具有独立性，具体分为工作上的独立和人格上的独立。工作上的独立是指，定作人与承揽人之间订立承揽合同，一般是建立在对承揽人的能力、条件等信任基础上，承揽人须以自己的设备、技术、劳力等完成工作任务，不受定作人的指挥管理，独立承担完成合同约定的承揽内容。人格上的独立是指承揽人不受定作人的管束、约束，享有独立的工作空间，只要在约定的期间完成工作内容即可。

而买卖合同则不同，买受人所注重的是合乎合同要求的货物，而该货物究竟由谁生产，从何种渠道而来，一般而言，其并不关心，法律并不限定出卖人的标的物一定由其亲自完成。

三、买卖合同的分类

买卖行为的出现最早可以追溯到私有制社会，但随着社会历史的发展，买卖在形式、对象、内容和范围上总是在不断变化，并且在变化中取得新的发展和突破。这些变化直接体现了不同时代经济条件的不同、人们思想观念的不同，以及社会制度的不同。

（一）按照买卖标的物是特定物还是种类物，分为特定物买卖与种类物买卖

1. 特定物买卖

买卖标的物是特定物的，为特定物买卖。买卖标的物是种类物的，为种类物买卖。特定物的买卖是指特定物或者已经特定化的货物的买卖，按照英国 1979 年《货物买卖法》的规定，特定物的所有权应当在双方当事人意图转移的时候转移于买方。如果双方当事人在合同中对此没有作出明确的规定，则法院可根据合同的条款、双方当事人的行为以及当时的具体情况来确定订约双方的意图。

一般来说，法院应依据的规则是：①凡属于无保留条件的特定物买卖，如果该特定物已处于可交付的状态，则货物所有权在合同订立时即转移于买方；至于付款时间或者交付标的物的时间是否在其之后，则是无关紧要的。②如果卖方还要对货物做出某种行为，才能使之处于可交付的状态，或者该特定物已处于可交付状态，但卖方仍须对货物进行称重、丈量、检验或者其他行为，才能确定价款，则要等到以上这些行为完成并在买方得到有关通知时，货物所有权才转移于买方。

2. 种类物买卖

种类物买卖又叫非特定物的买卖，通常是指仅凭说明进行交易的货物。种类物买卖有瑕疵的，可以更换种类物。按照英国《货物买卖法》的规定，凡属于说明买卖未经指定或者未经特定化的货物，在将货物特定化之前，其所有权不转移于买受人。所谓特定化就是把处于可交货状态的货物无条件地划拨于合同项下的行为。一般来说，如果按照合同的约定，卖方以把货物运交买方为目的而将货物交给了承运人；而又没有保留对货物的处分

权，则可以认为卖方已经无条件地把货物划拨于合同项下并将货物的所有权转移给买方。

美国在此问题上不区分特定物与种类物的买卖。《统一商法典》确立的一个基本原则是，在把货物确定在合同项下以前，货物的所有权不转移于买方。除当事人另有约定外，货物所有权应当于卖方完成其履行交货义务时转移于买方，而不管卖方是否通过保留货物所有权凭证（如提单）来保留其对货物的权利。

（二）根据买卖合同是否有法律特别规定，分为一般买卖和特种买卖

特种买卖是法律对其法律要件和法律效果均作了特别规定的买卖，包括试用买卖、分期付款买卖、凭样品买卖、所有权保留、拍卖、招投标买卖、优先权买卖等有特殊方式的买卖，除此之外无特殊方式的买卖为一般买卖。

（三）按照买卖能否即时清结，可分为即时买卖和非即时买卖

即时买卖指当事人在买卖合同成立时即将买卖标的物与价金对交，即时清结。非即时买卖指当事人在买卖合同成立时非即时清结，待日后履行。

非即时买卖又有预售买卖、赊欠买卖等多种划分。预售买卖指，买卖成立时买受人先支付预付款，出卖人日后交付货物的买卖。这种买卖从出卖人角度称预售，从买受人角度称订购。预约买卖同买卖预约不同。预约买卖的买卖关系业已成立，而买卖预约仅是一种预约，买卖合同并未成立，买受人没有支付价金。赊欠买卖指买卖成立时出卖人先交付买卖标的物，买受人日后一次支付价金的买卖。赊欠买卖从出卖人角度称赊售，从买受人角度称赊购。

（四）按当事人双方的买卖是否以一次完结为标准，分为一时买卖与连续交易买卖

一时买卖是指当事人双方仅进行一次交易即结束双方之间的买卖关系的买卖，即使双方之间有多次交易，每次交易也都是单独的，而无连续性。

连续交易的买卖是指当事人双方于一定的期限内，卖方定期或者不定期地供给买方某种物品，买方按照一定标准支付价款的买卖，双方之间的每次交易都是有关联的。

（五）依照买卖合同方式的不同，可以分为自由买卖与竞价买卖

未采用竞争方法买卖的，为自由买卖。采用竞争方法买卖的，为竞价买卖，如拍卖和招投标买卖。

（六）按商品是否具有特殊性分为普通商品买卖和特种商品买卖

1. 普通商品买卖

普通商品买卖又称货物买卖，货物买卖是商业活动中最基本的、最主要的、最一般的内容和形式。货物买卖可以适用同一规则，许多国家专门制定货物买卖法，以规范这种形式的买卖。

各国法律对"货物"概念的规定不尽一致。美国《统一商法典》第 2-105 条规定："货物"系指除用以支付价金之货币、投资证券及经由司法程序得到的金钱、个人财产权利以外的所有物品，在缔结买卖合同确定为买卖标的时是动产。"货物"也包括动物未产之幼畜、生长中之作物以及附属在不动产之上的其他已确定的特定物。根据这一规定，货物必须是动产。动物及其未产之幼畜、生长着的农作物、林木都可作为货物买卖。不动产不能

作为货物买卖，但附着于不动产之上的可以与不动产相分离的那部分动产则可以作为货物买卖。这一规定还特别从货物的概念中排除了货币，但这种货币仅指"用以支付价金之货币"。因为买卖是以货币作为支付手段的，支付手段与支付手段相互交换，这在买卖上并无意义。但是如果不是用以支付价金的货币仍然可以作为货物予以买卖。例如，在美国流通的是美元，美元不为货物，但英镑、日元、丹麦克朗等外国货币仍可视为货物，可以买卖。再如，用现钞买现已不流通的旧币，这种旧币也可作为货物予以买卖。

英国1979年《货物买卖法》第61条亦规定："货物"包括除诉取财产权和货币之外的所有动产，在苏格兰包括除货币之外的所有动产。在特定情况下，"货物"也包括庄稼、工业化生产的作物以及构成土地的一部分或者附系于土地之上的物品，双方同意在买卖前或者根据买卖合同将这些物品分开；而且，还包括货物的一个不可分割的份额。

综上，"货物"，至少需要符合三个条件。首先，它必须是有形的。有形意味着此物具有实物形态，能够被人们看得见、摸得着。其次，它还必须是可以移动的。再次，这种可移动性必须是在该物品被确定于买卖合同项下就具有的。因此，货物通常是指在被确定于买卖合同项下的标的物时可移动的动产，不动产不属于货物的范围。

2. 特种商品的买卖

特种商品的买卖又可称为不动产、无体物、权利等特殊商品的买卖，因一般货物被称为普通商品，货物买卖被称为普通买卖，适用普通的买卖规则。有些商品与上述货物不同，因此也就形成了特殊的买卖方式，适用特殊的买卖规则。

不动产买卖，是以不动产为交易对象的买卖。大陆法系国家和我国并没有将不动产买卖合同排除在买卖合同之外，买卖合同的一般规则同样适用于不动产买卖合同。只是由于不动产的特殊性，使得不动产买卖合同具有区别于一般动产买卖合同的特殊规则。货物买卖合同的标的物所有权转移时间一般以标的物交付买受人或以双方约定的时间为准。在房屋买卖中，其房屋所有权的转移时间以登记机关所载的时间为准。在我国，不动产买卖主要是指房屋的买卖。因为我国土地所有权属于国家，并且国家禁止土地所有权的买卖。但国有土地的使用权可以依法进行转让。而这种转让合同是以具有财产内容的权利为对象的合同，是属于权利买卖合同的范畴。

无体物买卖，无体物是相对于有体物而言的，它虽具有物理形态，但是人们看不见、摸不着，主要有电、气、热力等。基于这种标的物的特殊性，无体物的买卖也具有其自身的特点：首先，就买卖主体而言，卖方一般为国家授权经营的公用企业，如供电企业、天然气供应企业，买方是需要用电、气等的用户。其次，在买卖的履行上，一般表现为持续不断地进行。卖方在一定期限内持续供应买方需要的无体物。最后，在这类买卖中，国家对标的物都有一定的限定，其干预力较强。

四、买卖合同的订立

（一）签订买卖合同的准备工作

1. 进行市场调查和诚信披露

签订买卖合同之前要围绕交易的公平性做市场调查，做利益对价性的考证，结合自身的优势、产品的特点等为合同谈判准备资料。

对与合同相关的信息要诚实披露，或要求对方诚实披露，例如保险合同中要如实申报年龄、重大疾病，建设工程合同合同中要如实告知资质状况，拍卖合同中要求委托人向拍卖人或竞买人披露瑕疵等。讲求信息披露的缔约规则是公平交易的需要，其本质是对诚信的要求。

2. 审查交易主体

为保证买卖合同交易的安全性，当事人特别要重视买卖合同双方主体资格的审查。买卖合同主体资格的审核确认，主要是看交易主体是否具备订立合同的资格，同时核实签约方是否具有实际履行能力。

交易主体是个人的，对其进行履约能力的审查，可以通过对其单位及其同事、家庭、朋友、邻居等进行调查，以获取相关信息，最后综合判断其是否具有履约能力和信用程度。

交易主体是法人组织的，在订立合同时要求对方提供资格证明如营业执照的原件，注意对建设资质、许可证、出版资质等资格准入审查，同时注意其证件复印件等非原件的证明材料的真实性，防止造假；注意审查营业执照是否有瑕疵，比如被吊销、被暂扣等情况；可以通过当地的工商管理部门审查对方实际注册资本和资金，确保其有合同实际履行能力；确认买卖方必须是标的物的所有人或者有权处分该物的组织，对不动产可以通过管理部门查询相关信息，对于动产交易可以做出卖人信用调查。合同主体名称和签订人名字首尾须保持一致。出卖方应该注意买受方合同尾部的单位名称须与合同首部的单位名称一致、所加盖的公章或合同专用章上的单位名称须与书写的单位名称一致，法定代表人、委托代理人的名字是否与真实名字一致，不能有错字、别字、漏字或简称。

对代理人签订合同的应对其代理权进行审查。对于对方业务员或经营管理人员代表其单位订立的合同，应注意了解对方的授权情况，包括授权范围、授权期限、介绍信的真实性。对非法定代表人的高级管理人员，如副总经理、副董事长等，应了解其是否具有代表权，以避免无权代理的情形。

3. 注意交易场所和价格

留意买卖的价格和场所，防止黑市交易。黑市交易是指未经政府有关部门批准，未在工商部门登记，未经过质检部门检测、由买卖双方私下协商达成的非法、暗中进行的商品交易活动。参与黑市交易的主体可以是个人，也可以是或大或小的团伙，还可以是具有合法名义的单位或法人等。他们有的从事单线交易，有的从事多边交易，有的形成网络交易，有少数不法分子甚至与境外黑社会或走私集团、贩毒集团勾结在一起，从事大规模的非法倒卖活动。黑市交易的客体主要有这样几类：不允许作为商品买卖的对象，如国家保护的野生动物、枪支弹药等；由国家专营的商品，如黄金、外汇、文物、药品等；对社会公众利益有极大损害的东西，如海洛因、鸦片、黄色书籍、淫秽录像等。总之，被法律禁止进行市场交易而由不法分子私自转手和倒卖的客体，都可构成黑市交易的对象。

4. 合理利用担保手段

保证、抵押、质押、定金等担保条款的利用有助于顺利地订立合同，为了有效地规避风险，防止合同当事人一方欺诈、恶意履行等情况，有必要通过担保条款约束相对人诚信履行合同，在订立合同时如能用担保手段进行积极的事前防范将极大的减少合同风险。尤其是对对方资信有质疑的可以要求对方提供担保。为了尽快达成交易，自己也可以主动为对方提供担保以取得信任。

另外在签约中注意保留相关证据，出现纠纷时，积极行使诉权，通过人民法院保护自己的权利，以免因超过诉讼时效而蒙受损失。

（二）买卖合同订立的程序

买卖合同为诺成性合同，买卖合同的订立要经过两个程序，一为要约，二为承诺。

1. 要约程序（第一个程序）

要约是买卖合同当事人一方向另一方发出的订立合同的建议，要约的本质是希望和他人订立合同，且其内容具体确定并表明经受要约人承诺即受之约束的意思表示。要约作为订立合同的第一个程序，对要约人是有约束力的，因而在法律上来说要约须具有下列要件：

其一，要约必须是特定人所为的意思表示。要约人必须特定，否则受要约人无法承诺。所谓特定人，即外界能客观确定的人，不要求受要约人了解何人为要约人。例如，设置自动售货机出售货物，前来购物者即使不知要约人为何人，不妨碍自动售货机为要约。

其二，要约必须向要约人希望与之订立合同的受要约人发出。希望订立合同的意思存于要约人内心，尚未对外表示者，不构成要约。受要约人既可以是特定的一人或数人，也可以是不特定的人。例如超市货架上标价陈列的货物、自动售货机、符合要约规定的商业广告、市内公共汽车都是向不特定的受要约人发出的要约。

其三，要约必须具有订立合同的目的，并有表明一经承诺即受拘束的意旨，即要约必须具有订立合同的表示意思与效果意思。该意思的有无，原则上依照客观标准，依理性的受要约人的通常理解予以认定。

其四，要约的内容必须具体而确定。所谓"具体"，指要约的内容必须具有足以使合同成立的主要条款。例如买卖合同的要约需要具备标的物、数量。所谓"确定"，指要约的内容明确，而非含糊不清，要求要约在内容上是最终的、无保留的。

实务中要明确要约和要约邀请的区别，要约邀请，是指希望他人向自己发出要约的意思表示，又称"要约引诱"。

通说认为要约与要约邀请的区别主要如下：第一，二者的性质不同。要约是缔约行为，是订立合同的第一个程序；而要约邀请是缔约的预备行为，是为订立合同做准备的前置行为，包括公告、广告宣传、展示等行为，这些行为的目的是向公众表达产品或项目的基本信息，吸引知悉信息者与自己订立合同。第二，二者的目的不同。要约的目的是与他人订立合同，是确定的订立合同的建议；要约邀请的目的是引诱对方想跟自己订立合同，吸引他人发出要约建议。第三，二者的法律效果不同。要约一发出，要约人即受法律约束，违反有效的要约可能会产生要约责任，也即通常说的缔约过失责任。要约邀请发出后，对于要约邀请人来说是没有法律上的约束力，通常不会产生缔约过失责任。第四，二者的法律规定不同。要约由《合同法》第 13、14、16、17、18、19、20 条作出规定；而要约邀请主要由《合同法》第 15 条作出规定，主要表现为寄送的价目表、拍卖公告、招标公告、招股说明书、商业广告。

2. 承诺程序（第二个程序）

承诺是受要约人对要约的完全同意，一旦受要约人承诺，订立合同的阶段结束，合同成立，要约人和承诺人都要受其一致的意思表示约束。因为有效的承诺意味着订立合同的程序完成，意味着合同的成立，因而有效的承诺在法律上必须具备以下条件。

第一，承诺必须由受要约人或其代理人向要约人作出，至于受要约人的继承人可否作出承诺，则视要约人有无反对意思及该项契约的性质而定。除此之外，任何第三人所作出的同意要约的意思表示，都不能视为承诺，自然不可能因此而成立合同。同时，承诺必须向要约人作出，向要约人的代理人作出也视为向要约人作出。在一定条件下，如合同的履行不具有特定人身性质的，受要约人也可以向要约人的继承人作出承诺。

第二，承诺的内容应当与要约的内容一致，承诺是受要约人作出的愿意按照要约的内容与要约人订立合同的一种意思表示。因此，承诺的内容应当与要约的内容完全一致。如果受要约人在承诺中将要约的内容予以扩充或附加条件、期限等，这就不是承诺而是一项新要约，或称为反要约。我国《合同法》对承诺的内容采用"修正的镜像规则"，即承诺对要约的内容作出非实质性变更的，除要约人及时表示反对或者要约表明承诺不得对要约的内容作出任何变更外，该承诺仍为有效，合同的内容以承诺的内容为准。如果受要约人对要约的内容作出实质性变更的，承诺无效。该承诺视为新要约。有关合同标的、数量、质量、价款或者报酬、履行期限、履行地点和方式、违约责任和解决争议方法等的变更，是对要约内容的实质性变更。在合同实务中，一项合同的成立，往往要经过要约、反要约、再反要约，直到最终承诺，从而使合同成立。如果只是经过要约、反要约，而没有承诺，即使反复次数再多，合同也不能成立。

第三，承诺须表明订立合同的决心。如果受约人做的表示是"我们愿意考虑你方所提出的条件""原则上赞成你方提出的条件"，则不构成有效的承诺。

第四，承诺必须在要约有效期间内作出，应当在要约确定的期限内到达要约人，即要约规定有承诺期限的，必须在该期限内进行承诺；要约未规定承诺期限的，如要约是以对话方式作出的，应当即时作出承诺；如要约是以非对话方式作出的，承诺应当在合理的期限内作出。有效期间过后作出的承诺，称为迟到的承诺，不发生承诺的法律效力，应视为新要约。

第五，承诺的方式必须符合要约的要求。关于承诺的定义及方式，《合同法》第21条和第22条明确规定："承诺是受要约人同意要约的意思表示。""承诺应当以通知的方式作出，但根据交易习惯或者要约表明可以通过行为作出承诺的除外。"《联合国国际货物买卖合同公约》（以下简称《公约》）第18条对承诺的定义及表达方式作出规定：①被发价人声明或做出其他行为表示同意一项发价，即是接受，缄默或不行动本身不等于接受。②接受发价于表示同意的通知送达发价人时生效。如果表示同意的通知在发价人所规定的时间内，如未规定时间，在一段合理的时间内，未曾送达发价人，接受就成为无效，但须适当地考虑到交易的情况，包括发价人所使用的通讯方法的迅速程度。对口头发价必须立即接受，但情况有别者不在此限。③但是，如果根据该项发价或依照当事人之间确立的习惯做法或惯例，被发价人可以做出某种行为，例如与发运货物或支付价款有关的行为，来表示同意，而无须向发价人发出通知，则接受于该项行为做出时生效，但该项行为必须在上一款所规定的期间内做出。

对比上述《合同法》和《公约》关于承诺的定义及表达方式的规定，我们可以看出《合同法》关于承诺的定义与《公约》的定义基本一致。另外《合同法》与《公约》均认为承诺的方式可以通过行为做出，条件是根据交易习惯或要约表明可以这样做。但《公约》还具体规定了缄默或不行动本身不等于接受，而且对通过行为作出承诺的情况列举了典型的例子，起到了较为明示的告知作用，便于实践中的具体操作，而《合同法》对此未进行规定。应该说《公约》的规定更为明确、完整和严密可行，有利于减少纠纷的产生，建议日后修改《合同法》时应对此作出明确规定。

承诺生效，合意形成，订立合同的阶段结束，合同成立，要约人和承诺人都要受其一致的意思表示约束。《合同法》第8条规定：依法成立的合同，对当事人具有法律约束力。当事人应当按照约定履行自己的义务，不得擅自变更或者解除合同。依法成立的合同，受法律保护。这也是合同成立的意义。

（三）围绕主要条款签约

买卖合同的主要条款包括但不限于主体、标的、数量、质量、价款或酬金、履行时间、履行地点、履行方式、违约责任、解决争议的方法等内容。主要条款关系到买卖合同正确的执行，因而至关重要。

1. 主体条款

其即买卖合同当事人的条款，若交易主体是自然人的应写明姓名、身份证、住所，交易主体是单位的应写明单位的名称、单位主要办事机构所在地等。

2. 标的物条款

其对于标的物应写全称，要明确具体，不能简写，注意标的物不得为法律禁止或限制的流通物。标的物名称、规格、型号、等级、花色、生产厂商、产地品种等要具体注明，必要时可通过附件说明标的物的实际情况。

3. 数量、价格条款

其即标的物的多少和价款，要明确具体，包括数额的计量单位，同时需要标出标的物的单价、总价、币种、支付方式及程序等，各项须明确填写，不得含糊。

4. 质量条款

其即标的物的好坏和品质条款，产品质量可以约定国际标准、国家标准、行业标准或企业标准、样品标准，也可以协商确定其他标准。买卖合同应对货物质量重点加以约定，以便于验收，避免纠纷。卖方应当按照约定的质量标准交付标的物，如果交付的标的物附有说明书的，交付的标的物应符合说明书上的质量要求。

5. 产品的包装条款

货物的包装方式对于货物的完好至关重要，包装不到位就可能发生货损，引起纠纷。对于包装方式可以按约定的包装，无约定的应当按照通用的方式包装，没有通用方式的，应当采取足以保护标的物的包装方式。

6. 履行的期限、地点、方式条款

履行期限可按照年度、季度、月、旬、日、时计算，应准确、具体、合理，不能用模棱两可的词语。履行地点指的是交货地点，要写清楚、具体、准确。履行方式指的是双方应约定的交货方式、提货方式、运输方式和结算方式，要写得具体明确。

7. 检验标准、时间、方法条款

合同中应当约定检验的时间、地点、标准和方法、买方发现质量问题提出异议的时间及卖方答复的时间、发生质量争议的鉴定机构。买方收到标的物后应当在合同约定的检验期间内对标的物进行检验，如发现货物的数量或质量不符合约定应在检验期内通知卖方，买方怠于通知的，视为所交货物符合约定。合同没有约定检验期间的，买方应及时检验，并在发现问题的合理期间内通知卖方。

8. 结算方式条款

结算方式，应该具体、明确。对用支票进行支付应按规定程序检查，以免被套走标的物。针对虚开支票欺诈的，我们可以通过两种途径防范：一种是款到交货，根据支票转账所需时间，要求买方价款到卖方账面后才交货，但这种方法一般很难使买方接受，除非货物供不应求。另一种是直接到出票人开户银行去持票入账，马上就能知道支票能否兑现，如能兑现可以立即通知银行转账，如被拒付可以立即停止发货，从而避免损失。

9. 违约责任条款

违约责任的约定，应该具体可行。如果双方违反了应尽的义务，应当按照合同约定承担违约责任，合同没有约定的按照法律规定承担违约责任。对违约行为的惩处，合同双方应在合同违约责任条款中加以详细描述。

10. 解决争议的方法条款

解决争议的方法，要明确具体。此外，对于约定的争议处理机构和起诉法院不得超出地域管辖权的范围。

（四）用书面形式固定合同条款

1. 书面合同

书面合同是以文字记载的合同形式，书面形式可以促使当事人认真签订履行合同，针对履行时间较长的合同，书面形式还具有提示当事人履约和备查的作用，发生纠纷时有助于及时解决纠纷，有助于防止欺诈和伪证，有助于实现政府对交易的必要监管，有助于保护相对弱势一方的利益，而口头形式的合同则不具备这些优点。

合同订立应采取书面形式并使用比较标准的示范文本，尽管我国《合同法》对买卖合同的签订，允许采用书面形式、电子形式、口头形式等方式订立，但非书面形式在发生纠纷时不便于确定双方责任，容易被人利用进行欺诈。因此，订立买卖合同应尽量采用书面形式。同时，订立买卖合同时应尽量参照工商行政管理机关颁布的标准合同范本，而且结合具体交易情况可以适当调整合同部分内容，内容应尽量详尽、明确。如果有疑问的，还可以咨询有经验的专业律师或工商局工作人员，以保证买卖合同的合法性、真实性、有效性。

对于买卖当事人来说，涉及重大交易利益的合同、标的额较大的合同，以及履行时间较长的买卖合同、政府采购合同都应采用书面形式订立。

2. 附随义务

附随义务是指的依诚实信用原则当事人所应负担的给付义务以外的义务。在买卖合同中强调附随义务是为了保障主要义务和主要条款的执行，虽然在合同条款中没有明确规定具体的通知、保护等附随义务，但是它是合同的当然义务，发生纠纷时在无法依据主要义务和条款约束当事人时，可以把附随义务视为合同的条款来加以执行，因为附随义务是法定义务，不受当事人约定的限制。

附随义务的理论基础来源于诚实信用原则，确立附随义务有利于平衡各方利益关系、强化对债权人的保护、维护社会秩序稳定及完善《合同法》立法与理论。附随义务内容，随合同关系发展而有不同的体现，基于附随义务发生阶段的不同，违反附随义务的法律后果也不同。附随义务是合同义务的扩张，要求合同当事人除了按照约定全面履行给付义务的同时，还必须履行通知、协助、保密等与合同有关的义务。附随义务是相对于主给付义务而言的，通说认为附随义务具有辅助主给付义务实现的功能，附随义务具有法定性，是诚信原则的延伸（《合同法》第 60、92 条）。附随义务根据合同履行的具体情况可以在任何合同中发生，并不受特定合同类型的限制；而主给付义务自始确定，并决定合同的类型。在买卖合同中除了当事人约定的条款具有执行效力，未在合同中规定的通知、保护、协助等诚信义务也当然构成合同的条款，具有执行力，也能够在相关纠纷中作为案件的处理依据。

五、买卖合同适用的规范

（一）我国买卖合同适用的法律规范

我国有关买卖的法律规范主要见之于《民法总则》和《合同法》。

1.《民法总则》

2017年3月15日第十二届全国人民代表大会第五次会议通过《民法总则》，概括性地规定了民事法律的一些基本原则和主要法律制度，其中自然人、法人的一般制度规定，以及民事法律行为的效力、意思表示、民事法律行为的附条件和附期限、债权和民事责任的规定等，已成为调整包括合同在内的交易关系尤其是平等民事主体间的买卖关系的主要法律依据。《民法总则》关于债权和民事责任的规定，将仍然对买卖合同有拘束力。

2.《合同法》

《合同法》是新中国成立以来我国颁布的第一部全面统一的关于合同法律关系的法律。《合同法》既借鉴了国外买卖合同立法和相关国际公约的通行做法，又符合我国国情，既有现实可行性，又有一定预见性，既考虑法律通俗易行要求，又注重遵循科学的立法技术。该法第九章是关于买卖合同的详细规定。该章共有46个条文，居《合同法》分则各章之首，是分则中条文最多、内容最丰富的一章，也是社会经济生活中最经常使用的合同法规范。应该说，《合同法》分则"买卖合同"专章里的条款规定和其他部分涉及买卖合同的相关规定比较，显得更加规范、全面、具体，但同时我们也应该看到，有些条款规定得不够科学合理，有些条款规定得过于简略，缺乏可操作性，存在着一些不足，有待进一步地研究和完善。

3. 买卖合同司法解释

2012 年的《最高人民法院关于审理买卖合同纠纷案件适用法律问题的解释》（以下简称《买卖合同司法解释》）是专门针对买卖合同纠纷的解释。该解释包括买卖合同的成立及效力、标的物交付和所有权转移、标的物风险负担、标的物检验、违约责任、所有权保留、特种买卖、其他问题，共 8 部分 46 条。

2003 年 6 月 1 日起施行的《最高人民法院关于审理商品房买卖合同纠纷案件适用法律若干问题的解释》是针对商品房买卖的司法解释。该解释一共 28 条，对于约束商品房开发商不当交易行为、保障购房人的合同利益、防范购房风险、处理商品房交易纠纷都有重要意义。这些司法解释进一步细化了买卖合同规则，对于理解买卖合同及解决买卖合同纠纷起到重要的作用。

（二）调整买卖合同的国际法律规范和规则

1.《联合国国际货物买卖合同公约》

调整货物买卖的国际法律规范首推《联合国国际货物买卖合同公约》。该公约最早可以追溯到由国际统一私法协会，于 1930年和 1936 年拟定的两个有关国际货物买卖公约草案。1964 年荷兰政府再次邀集 28 个国家的正式代表和少数国家和国际组织的观察员代表对两个公约草案进行了讨论，并正式通过了这两个公约，即《关于国际货物买卖统一法公约》《关于国际货物买卖合同成立的统一法公约》。这两个公约因在海牙签署，故都简称为《海牙公约》。这两个《海牙公约》在试图以国际统一实体法形式调整国际货物买卖方面是一个创举，也是国际货物买卖法向法典化方向发展迈出的重要一步。这两个公约的主要内容既反映了以欧洲国家为主的国际贸易实践，也综合反映了大陆法系与英美法系中有关买卖方面的共同立法与习惯，在避免法律冲突方面，取得了一定的成就，也为后来制订《联合国国际货物买卖合同公约》奠定了良好的基础。但是，随着国际贸易的不断发展，公约的局限与不足也逐渐暴露出来。

为了扩大国际经济合作，促进国际贸易发展，减少法律冲突，实现两个公约没有达到的目的，1966年第21届联大成立了联合国国际贸易法委员会，并于1969年正式组成由14国代表参加的专门工作组，该组的任务是在《关于国际货物买卖统一法公约》和《关于国际货物买卖合同成立统一法公约》的基础上，起草为不同的国家都能接受的国际货物买卖统一规则。1976该组织年拟出了新的公约草案。1978年联合国国际贸易法委员会通过了该草案，定名为《联合国国际货物买卖合同公约草案》。1980年3月10日至4月11日，最后通过了《联合国国际货物买卖合同公约》。

2.《国际商事合同通则》

《国际商事合同通则》（以下简称《通则》）的制定是国际贸易领域统一合同法的最新成果，是对《联合国国际货物买卖合同公约》的继承和发展，其法律原则具有普遍性、科学性和实用性，对国际合同法的统一化进程产生了重要影响。为了适应日益繁荣的国际商事活动和现代高科技手段在国际贸易中的广泛应用，国际统一私法协会对该商事合同通则进行了全面修订并于2004年4月通过了《国际商事合同通则（2004年修订本）》。

《通则》制定的目的可以归纳为以下四个方面：第一，确立国际商事合同应遵循的基本原则。第二，为国际商事合同提供准据法或解决方法。第三，《通则》用于解释和补充现有国际法律文件。第四，为国际和国内立法提供示范和指南。由于《通则》所固有的优点，它不仅能为合同法的统一化提供起草国际公约和示范法所需要的重要参考和示范，而且对国内立法也有众多益处。因为《通则》立法语言简单、明了、中性、合乎国际惯例。各国在制定和修订其国内法时，如采用《通则》规定则会极大地消除国际商事合同领域中法律概念的冲突，使各国立法达到现代国际水准，符合国际趋势。

从《通则》第一章总则以及体现其精神实质的后面九个章节来看，《通则》主要确立了三项基本原则，这些基本原则实质上也就是当今国际社会普遍认可的合同法的一般原则，这些原则作为《通则》的基石，贯穿于《通则》的各个条文之中，成为《通则》的灵魂。

《通则》主要是为"国际商事合同"制定一般的规则。《通则》所界定的"国际合同"中的"国际"有极广泛的外延。只要某一合同不是根本不含国际因素，不是合同的所有因素都只与一个国家有关，即可称为"国际合同"。

《通则》对"商事"的界定，也没有简单地照搬某些法律体系中对"民事"和"商事"当事人或这两种交易的传统界定。只要当事人拥有正式的"商人"身份，或交易具有商业性质，则为此而成立的合同即为"商事"合同。《通则》系为国际商事合同而制定，但并不妨碍个人之间同意将《通则》适用于一个纯粹的国内合同，只要此类协议遵守管辖合同的国内法的强行规则即可。

就《通则》规定的合同方面而言，它广泛地规定了合同的成立、履行、中止、变更、违约责任及免除、合同的效力、合同的解释。而后两个方面是《公约》所没有的。由此可见，《通则》是关于合同的比较完整的规则体系。《通则》是一个对迄今为止合同法领域国际通行做法的成功编纂，是国际社会通过求助于非立法的方式来统一或协调法律的成功范例。

（三）调整买卖合同关系的外国法

1. 大陆法系国家的买卖法

大陆法系国家或地区的民法典均将买卖合同规定为最主要的交易形式。《德国民法典》规定的买卖法既含有罗马法的因素，又含有日耳曼法的因素，同时还包含一些来自商法的成分。德国契约法中的绝大多数规则都来自买卖法。《德国民法典》第 2 编第 7 章第 1 节规定买卖和互易。它规定了买卖的通则、标的物的瑕疵担保、特种买卖等内容。《法国民法典》第 3 卷第 6 编规定买卖，共有 120 个条文，主要规定了买卖的性质及形式、当事人的能力、可以成为买卖标的之物、待建不动产的买卖、出卖人的义务、买受人的义务、买卖的取消和解除、拍卖、债权和其他无形权利的买卖等。

《意大利民法典》在第 4 编第 3 章第 1 节规定买卖。其主要内容涉及买卖的一般规定，包括出卖人的义务、买受人的义务、合意买卖；关于动产买卖的规定，包括动产买卖的一般规定、满意保留买卖、试用买卖、货样买卖、保留所有权的买卖、证券的买卖；关于不动产的买卖；关于遗产买卖等。

大陆法系各国民法典关于买卖合同的规定有如下特点：第一，买卖合同为有名合同，是债或者契约的最重要之一种，而且其规范相当详细。第二，关于买卖合同的规定，不仅适用于买卖关系，而且适用于其他相关的无名合同。第三，各国民法典关于买卖合同的规定在体系结构上存在较大的差异，有的从标的物、双方当事人的主要权利义务方面展开，如《德国民法典》；有的在对买卖合同作出一般性规定后，还分别对不同性质的标的物的买卖作出规定，如《意大利民法典》。第四，大多将买回买卖作为特别情形加以规定，有的还规定了一些其他的特种买卖，如货样买卖、保留所有权买卖等。第五，大陆法系民法典关于买卖的规定，一般既包括权利买卖也包括实物买卖，这与我国《合同法》的规定不同。

2. 英美法系国家的买卖法

英国 1893 年《货物买卖法》是西方国家最早的货物买卖法。它由英国数百年的判例整理编纂而成。该法以后经过多次修改补充，不断完善。该法规定了契约的成立、契约的效力、契约的履行、未收贷款的卖方对货物的权利和对违约的诉讼等内容。

1942 年，美国法学会与美国统一州法律全国委员会着手起草美国《统一商法典》。至 1968 年，除属于大陆法系的路易斯安那州以外，其他 49 州都批准了《统一商法典》。该法典第 2 章"买卖"成为调整货物买卖合同关系的主要法律。美国《统一商法典》对后来许多国家的立法都产生了较大的影响，即使是在《联合国国际货物买卖合同公约》中，也能看到它的许多影子。

尽管英美法系国家的民事法律以判例法为主，但是在买卖合同方面却较多地制定专门的法典予以调整，这说明了其对买卖关系的极为重视。由于英美法系国家在制定有关买卖合同的法律时对长期积累的判例进行了整理和编纂，较为重视实践经验，因此其不少制度和规则为其他国家的立法借鉴，并为国际统一实体法吸收。

第二章　买卖合同的法律关系

买卖合同是一方转移标的物的所有权于另一方，另一方支付价款的合同。因而买卖合同法律关系的构成要素为买卖合同的主体、买卖合同的客体和买卖合同的内容。

买卖合同的主体，即出卖人和买受人。买卖合同的客体指的是标的要素，即买卖的给付要素，通常包括给付物和支付价金。出卖人应将买卖标的物转移给买受人，买受人向出卖人支付价金。买受人支付价金只能是金钱，不能是货物和其他给付。给付金钱之外的物，为互易合同，以劳务为对待给付，为雇用、承揽、委托等合同，而不是买卖合同。买卖合同的内容要素指的是当事人的权利义务。其中卖方最基本的权利是请求买方付价金并取得价金的所有权，买方的基本权利是请求卖方交付货物并取得货物的所有权。买方的权利对应于卖方的义务。反之亦然。买卖合同的当事人除履行买卖合同的主要义务即给付义务外，还需承担法律规定的附随义务。

一、买卖合同的主体

买卖的主体是指买卖合同的当事人，它包括买受人和出卖人。

（一）出卖人

出卖人又称卖方，即交付货物、接受价金的人。对于出卖人，除须具备相应的民事行为能力之外，根据《合同法》第132款的规定，出卖人应当是买卖合同标的物的所有权人或其他有处分权的人。

买卖合同标的物的所有权人为买卖合同最适格的出卖人，也是出卖人转移所有权义务的保障，《合同法》第132条第1款除了明确标的物应当属于出卖人所有之外，还提出了另外一种可能性："或者出卖人有权处分。"对标的物有权处分之人，应指依法律规定或者当事人约定可以处分标的物的人。《合同法》第132条的条文中既然是用"或者出卖人有权处分"的表述，显然是将这一类人与所有权人并列，因此是指除所有权人以外的对标的物有处分权的人。对标的物有处分权，是强调对该标的物上的权利进行处分并能发生相关处分效力。其他有处分权人包括抵押权人、质押权人、留置权人、优先权人、行纪人、经营权人、人民法院、清算组等，其处分权来源的主要依据是《物权法》《破产法》《民事诉讼法》《担保法》《海商法》等。总之，适格的出卖人应当为标的物之所有人和其他有处分权的人。

但是《买卖合同司法解释》第3条规定："当事人一方以出卖人在缔约时对标的物没有所有权或者处分权为由主张合同无效的，人民法院不予支持。出卖人因未取得所有权或者处分权致使标的物所有权不能转移，买受人要求出卖人承担违约责任或者要求解除合同并主张损害赔偿的，人民法院应予支持。"《最高人民法院关于适用〈中华人民共和国合同法〉若干问题的解释（二）》第15条规定：出卖人就同一标的物订立多重买卖合同，合同均不具有合同法第52条规定的无效情形，买受人因不能按照合同约定取得标的物所有权，请求追究出卖人违约责任的，人民法院应予支持。由此可知，要求出卖人为标的物的所有权人或是其他有处分权人之规定不影响买卖合同的效力认定，影响的仅仅是买卖合同的履行，因此该规定不具有强制性。

（二）买受人

买受人又称买方，是买卖合同中接受货物，支付价金的人。对于买受人，依据《合同法》的规定，须具备相应的民事行为能力，除此以外，并无特别要求。但基于《民法总则》以及其他法律的规定，某些具有特别身份的人不得成为特定买卖合同中的买受人。

一是监护人不得为被监护人的特定买受人，以防止监护人，特别是指定监护人损害被监护人的利益。

二是受托人不得为委托人的出卖物的特定买受人，以防止委托人利益的不当受损。《民法总则》第 168 条规定：代理人不得以被代理人的名义与自己实施民事法律行为，但是被代理人同意或者追认的除外。代理人不得以被代理人的名义与自己同时代理的其他人实施民事法律行为，但是被代理的双方同意或者追认的除外。

三是拍卖人一般不得为自拍物品的买受人，以防止委托人利益受损，委托人在拍卖活动中不得参与竞买或者委托他人代为竞买。竞买人之间恶意串通、竞买人与拍卖人之间恶意串通的行为均将被处罚。

四是公务人员及其亲属不得为公务活动中特定物品的买受人，以避免妨碍公务。

五是公司的董事、高级管理人员不得为公司特定交易的买受人，以防止公司利益受损。《公司法》第 149 条第 4 款规定：董事、高级管理人员不得违反公司章程的规定或者未经股东会、股东大会同意，与本公司订立合同或者进行交易。

二、买卖合同的客体

客体又可称为标的，我国法律一般对"标的"和"客体"这两个术语不作区分。但虽不用区分"客体"和"标的"，却要区分"标的"和"标的物"的概念。标的是从法律关系客体的角度上而言的，具有极强的抽象性，标的物是从交易双方所涉及的具体财产而言的，是非常具体的。法律关系的客体，即法律关系中的权利与义务所共同指向的对象。

买卖合同法律关系是一种典型的债权关系。在此债权关系中，标的或说客体就是给付这种行为。对卖方来说，这种给付是指的他应按约将转移物的所有权给买方的行为；对买方来说，这种给付是指他应按约向卖方交付价款的行为。但在此合同中，标的与标的物应区分开，标的是行为，但标的物是具体的物品。以房屋买卖为例，标的物指的就是房屋。

（一）买卖合同标的的特点

合同的标的是当事人权利义务所共同指向的对象，也是合同双方为获得特定经济结果在履行义务时所应尽最大努力去实现的一项利益追求。它是合同成立的重要条件之一。如《法国民法典》第 1108 条和《意大利民法典》第 1325 条都明确规定，标的是契约有效成立的四大要件之一，并且对标的的要求都作了明确具体的规定。我国《合同法》第 12 条也规定合同的内容应包含标的条款，但对其并未提出明确具体的要求。尽管合同种类繁多，彼此之间也存在差异，但任何合同都不可能没有标的，否则，合同就失去了权利义务的载体，债权就无法实现，义务也不能得到履行。以下我们可以从对标的的各种特征的分析中明确标的的重要性。

1. 买卖合同标的应当是确定的

我国买卖合同的成立要求标的和数量的确定，我国《最高人民法院关于适用〈中华人民共和国合同法〉若干问题的解释（二）》第 1 条规定：当事人对合同是否成立存在争议，人民法院能够确定当事人名称或者姓名、标的和数量的，一般应当认定合同成立。但法律另有规定或者当事人另有约定的除外。该条强调买卖合同成立的基本要求就是标的和数量的要素条款必须具备。

此外，标的确定要求买卖的对象必须特定化，以便于当事人义务的履行和权利的主张。在货物买卖中货物依其特性可分为种类物和特定物，当货物买卖合同的标的是特定物时，其确定性是毫无疑问的，但当其为种类物时，其确定性如何衡量呢？《法国民法典》第 1129 条规定：债之标的，应当是在种类上至少已确定之物。物之数量可以是不确定的，只要其可以确定。由此可见，以种类物为标的时，其确定性表现为物的类别的确定。至于种类物的质量问题，则应按照通常的交易习惯确定，不影响合同的效力。例如《德国民法典》第 242 条规定：债务人有义务依诚实和信用，并参照交易习惯，履行给付。第 243 条第 1 款规定：仅以种类确定的物为债务标的物的，债务人应给付中等品质的物。《法国民法典》第 1246 条规定：如债务的标的物为仅以其种类决定时，债务人为清偿债务，并不负交付最好品质的物的义务，但亦不得交付最劣等品质的物。关于质量约定的规范，我国《合同法》第 62 条第 1 款就规定：质量要求不明确的，按照国家标准、行业标准履行；没有国家标准、行业标准的，按照通常标准或者符合合同目的的特定标准履行。

2. 标的必须是可能给付的

标的给付的可能性是指合同所规定的债权人的权利或债务人的义务在客观上有成为现实的可能性。这是罗马法所确立的原则。如果当事人的标的为不可能给付的，合同应归于无效。因合同是双方当事人所达成的一致协议，它一经有效成立，就要求在现实中得到执行，以实现双方当事人所谋求的预期利益，否则以一些可望而不可及的东西作为交易的对象，不具有给付的可能性，也不能实现当事人的合同目的。《德国民法典》第 306 条明确规定：以不能的给付为标的的契约无效。如已知或应知其给付为不能者，致损害他方当事人利益的应负损害赔偿义务。《意大利民法典》第 1364 条规定：契约的标的应当是可能的，如果最初的给付不能，而在条件成熟前或期限届满之前变成给付的可能，契约是有效的。

3. 标的必须是合法的

标的合法是指标的不违反法律的强制性规定。标的物是法律允许在民事主体之间自由流通的物，如《法国民法典》第 1128 条规定：只有准许进行交易的物品，才能成为合同的标的物。《意大利民法典》第 1346 条也规定，契约的标的，应当是合法的。而标的违法主要有以下几种情形：①标的违背宗教信仰的基本要求或违背了社会的基本道德要求；②标的违背法律的非任意性规定，如以毒品或法律保护的动物等作为合同标的；③标的违反了国家主权或其他公共权力。

（二）买卖之标的物的范围

我国《合同法》并未对买卖合同的标的物进行任何明确的规定。考虑到专利权申请权转让、专利权转让、土地使用权转让等涉及财产权利转让的合同，均未在买卖合同中加以规定，而是在其他的合同类型中出现，例如技术合同等，再根据《合同法》第130 条的规定，应该将买卖合同的标的物认定为实物。

作为实物的标的物是否需要现实存在？《合同法》同样未作规定。在《最高人民法院关于审理商品房买卖纠纷案件适用法律若干问题的解释》中允许开发商进行商品房的预售，因此，买卖合同的标的物可以是现实存在的物，也可以是将来产生的物。

作为买卖合同的标的物必须是确定、可能、合法的。那么是否就意味着合同当事人只能对自己现存的财产设定权利义务，而对将来取得的财产就不能进行交易？对于买卖合同的标的能否为将来物，各国立法有不同的规定：

在《德国民法典》中，它被称为"将来财产"。它是指"现时不存在，将来才能存在的物……有时也指事实上已存在，不过订约时还不属于当事人所有的物"。

《法国民法典》第 1130 条规定，未来的物得为债之标的。但同时在第 1599 条中又规定，出卖他人之物品者，无效。根据前一条的规定，合同的标的物并不限于现存之物，当事人对于将来取得的财产也可以设定权利义务，而根据后一条的限定，当事人将来取得的财产在订立合同时不能是他人的，否则，买卖无效，故《法国民法典》中的"将来物"与《德国民法典》中的所指其范围明显不一样，即不包括"订约时还不属于当事人所有的物"。《法国民法典》之所以认定出卖他人权利之契约无效，主要是因为其对买卖标的物所有权的转移采意思主义，认为所有权因契约的成立，即移转于买受人之故。

《德国民法典》第 310 条规定，因合同而使一方当事人有义务转让其将来财产或其将来财产的一部分，或对其设定用益权的，合同无效。尽管德国的立法较为严厉，但德国的学说和判例却肯定以他人权利为标的的买卖契约有效。

而英美国家，普遍承认将来物可以成为买卖标的物的主张。这在立法和判例中占据了绝对优势。最具代表性的美国《统一商法典》第 2-105 条将货物分为现货和期货两种，该条第 2 款明确规定，不是现实存在并已特定化的货物称为期货。对期货或期货中任何权益作出的现售，效力上相当于销售合同。英国 1979

年《货物买卖法》中也将"货物"的定义扩展到正在制造中和卖方在买卖合同订立后将占有的物之上。

在国际民商事立法实践中，将来物为买卖标的物的观点已为有关的国际公约和国际规则接受。如《联合国国际货物买卖合同公约》第 3 条第 1 款规定：供应尚待制造或生产的货物的合同应视为销售合同。而《国际商事合同通则》第 3.3 条则规定得更为明确：①合同订立时不可能履行所承担之义务的事实本身不影响合同的效力。②合同订立时一方当事人无权处置与该合同相关联之财产的事实本身不影响合同的效力。

我国《合同法》第 132 条规定：出卖的标的物，应当属于出卖人所有或者出卖人有权处分。根据这一条规定，有的学者认为，我国《合同法》对于以将来取得的财产作为合同标的物持否定态度。

以将来的财产，特别是订立合同时财产尚不属于出卖人所有的财产作为合同标的物，使得合同在某种程度上有风险性，有可能发生将来履行不能的情形，这样对买受人不利。然而，无论是各国的国内立法还是国际民商事立法，绝大多数都主张把将来物纳入买卖标的物的范畴，并强调该合同始终有效而非无效或可撤销。其原因在于：允许将来物为买卖标的物，符合交易习惯。在市场经济条件下，不能忽视"以销定产"的另一种交易模式。依照订单组织企业的生产或销售，已成为大多数企业经营的运作模式。在企业之间签订合同时，买卖标的物尚不存在，需要生产，此时，出卖人对标的物的所有权也无从谈起。如果一味要求出卖人在订约时必须拥有对标的物的所有权，无疑也是否认以上述方式订立合同的有效性，这同现实的交易习惯和市场经济的运作规律不相符。从法理角度看，允许将来物为买卖的标的物，也不会损害买受人的利益。尽管出卖人在订立合同时不具有对买卖标的物的所有权，但这并不妨碍他在缔约后、合同履行前取得此标的物的所有权，从而履行合同。当然，也会有这样的情况存在：买受人为合同的履行进行了一系列的准备，但到合同履行时，出卖人由于种种原因不能交付标的物，最终使合同履行不能。但这并不意味着买受人的利益得不到补偿，在认定合同有效的情况下，对买受人遭受的损失，完全可以通过追究出卖人违约责任的方式来获得相应的救济。

因此买卖标的物不应仅限于出卖人所有或者出卖人有权处分的标的货物，订约时尚不存在的将来物也可以成为买卖的标的物。

在民法理论研究中，将物根据流通程度的不同，分为流通物、限制流通物和禁止流通物。如果买卖合同的标的物是禁止流通物，该买卖合同应认定为无效合同。如果买卖合同的标的物是限制流通物，那么买卖合同是否有效的判断关键在于合同当事人的资格问题。

三、买卖合同的内容

买卖合同的内容指的是买卖合同的条款，它是买卖双方权利义务的确定和表达，买卖合同的内容主要由当事人约定，除了标的、数量和质量、价款、履行期限、履行地点、履行方式、违约责任、解决争议的方法等条款外，买卖合同的当事人还可就包装方式、检验标准和方法、结算方式以及合同使用的文字及其效力等内容进行约定。

买卖合同的条款包括要素条款和常素条款，要素条款决定着买卖合同的成立，而常素条款如果在合同中未明确约定但通常可以根据法律的规定填补。一般来说主体、标的、数量为买卖合同的要素条款，而价款、质量、履行时间、地点、方式等条款为买卖合同的常素条款。

（一）买卖合同的标的条款

标的是买卖合同双方当事人权利义务指向的对象。买卖合同不规定标的，就会失去目的，失去意义，因而它是要素条款，它决定着合同是否成立。《最高人民法院关于适用〈中华人民共和国合同法〉若干问题的解释（二）》第 1 条规定：当事人对合同是否成立存有争议，人民法院能够确定当事人名称或者姓名、标的和数量的，一般应当认定合同成立。但法律另有规定或者当事人另有约定的除外。因此，标的是买卖合同的必备条款。标的条款必须清楚地写明标的物的名称、型号、规格、构成等。

1. 买卖合同标的物的数量

合同标的不明确，可能导致合同不成立，此外，数量条款也是买卖合同的要素条款。合同标的物数量描述不清、不明确极易发生争议，标的物的数量是确定买卖合同标的物的具体条件之一，同样属于买卖合同成立应当具备的必要条款。标的物的数量要确切，应选择双方共同接受的计量单位。一般应采用通用的计量单位，也可以采用行业或者交易习惯认可的计量单位。要确定双方认可的计量方法，同时应允许规定合理的磅差或尾差。

标的数量应尽可能具体、明确、可操作、可证明。若合同订立时尚不能具体确定数量的，应明确具体确定的方式，或哪一方当事人有权以何种方式进行确定。

标的数量的约定应当尽可能考虑：①计数（量）之方式；②计数（量）之依据；③计数（量）之程序；④计数（量）的证明及其形式要求。

2. 买方接受标的物的义务

买方应按合同规定的时间、地点和方式接受卖方交付的标的物。如果买方未按合同规定的时间接受货物，即为迟延接受，应负迟延履行的法律责任。买方未按合同指定的地点和方式接受货物，以致造成标的物的遗失或毁损的，应自负责任，并仍要承担付款的义务。

（二）买卖合同的质量条款

标的物的质量是确定买卖合同标的物的具体条件之一。标的物的质量主要是依据当事人的约定。标的物的质量一般包括两个方面的要求：一是标的物的品种和规格，通常指标的物的型号、批号、尺码、级别等；二是标的物的内在品质，通常指标的物的构成、含量比例、性能、功效等。欠缺质量条款，并不影响买卖合同的成立，当事人没有约定质量条款或者约定不明确，可以依照《合同法》第 61 条以及第 62 条第 1 项补充确定，即作为常素条款的质量条款是可以用法律的规定来填补的，当事人可以按照填补的内容作出履行。

1. 质量条款的订立应当尽量清晰

当事人约定的质量标准，应尽可能具体、明确、可操作、可证明。合同订立时尚不能具体确定的，应约定确定的方式，或哪一方当事人有权以何种方式进行确定。除非有特别需要，当事人约定的质量条款，应保持与下列质量标准之间的协调一致：①国家规定的强制性标准；②出卖人提供的有关标的物的质量说明；③在产品或者其包装上注明采用的产品标准；④以产品说明、实物样品等方式表明的质量状况。采用样品买卖方式的，应在合同中对样品的封存方式及封存时间等进行说明，以便确定该封存样品与合同之间的联系。

卖方交付的标的物的质量应符合国家规定的质量标准或双方约定的质量标准。卖方出售的标的物存在瑕疵的，应当向买方说明，卖方隐瞒标的物的瑕疵，应承担民事责任。买方明知标的物瑕疵而购买的，卖方不对瑕疵负法律责任。

买方接受标的物时能以通常方法检查发现的瑕疵，属于表面瑕疵。标的物的表面瑕疵，买方在规定的验收期限内发现的，应立即通知卖方，瑕疵由卖方负责；超过验收期限发现的，卖方不负责。

需要经过技术鉴定或使用过程中才能发现的瑕疵，是隐蔽瑕疵。对隐蔽瑕疵，买方发现后，应立即通知卖方，由卖方负责。

2. 质量风险的控制

在买卖合同中买方可以通过付款条件的约定，控制交易中的质量风险。例如，买方可以约定拒收条件，督促卖方交付货物达到质量要求；另外也应加强检验期间制度的执行，超过检验期间，买方未提出异议的，将视为交付时标的物的质量、数量无瑕疵；买方应力争约定较长的检验期间，但一般不应超过两年；有质量保证期的，不应超过该质量保证期。还可约定质检机构、检材取样和送检方式，以及检测费用的承担等，合同约定质量保证金的，可同时约定：①质量保证金的退还条件、退还期限和退还方式；②质量保证金可予扣除的情形及扣除的方式；③质量保证金可不予退还的情形。针对特定违约，买卖双方还可约定专项违约金，但该专项违约金与上述质量保证金不能并用，合同约定质量保证期的，应同时约定卖方在质量保证期内的处理义务和责任。这样一来，即使买方未在检验期间内提出质量异议，买方仍有权要求卖方承担上述质量保证期内的处理义务和责任。

3. 质量瑕疵责任的界定

质量瑕疵责任又叫物的瑕疵担保责任，是指出卖人就其所交付的标的物欠缺法定或约定的品质所需负担的责任。卖方承担物的瑕疵担保责任除标的物具有瑕疵外，还必须具备以下条件：

（1）标的物的瑕疵须于交付前业已存在。至于该瑕疵是于买卖合同成立时已存在，或者是于买卖合同成立后才存在，则在所不究。此目的在于给出卖人以合理机会补救或除去给付之前标的物业已存在的瑕疵，同时也是为了维护相同的利益状态应给予相同的处理的立法准则。我国《合同法》并没有明确规定买卖合同中的出卖人应担保买卖标的物在转移于买受人时，没有丧失或减少其价值和效用的瑕疵，并应担保标的物具有其所保证的品质。同时也欠缺规定买受人于买卖合同成立之时，已经知道标的物存有以上瑕疵仍购买时，出卖人不负瑕疵担保责任。

（2）买方善意且无重大过失。买方应在合同订立时不知道标的物有瑕疵，并且买方对其"不知"不存在重大过失。对这一要件须注意：买方在订立合同时不知道标的物有瑕疵，若在合同成立以后才知道的，即使标的物风险未转移，买方也是善意的，仍可基于标的物的瑕疵担保责任向卖方行使请求权；买方不知道其足以灭失或减少物的价值或通常效用的，被视为不知道标的物存在瑕疵。买方只是怀疑标的物有瑕疵，也应视为买方不知道；买方在订立合同时，虽然知道标的物有瑕疵，但卖方同意在交付标的物前除去瑕疵的，若标的物交付于买方后仍存在瑕疵的，卖方应承担瑕疵责任；买方对其"不知"不存在重大过失，因为重大过失几乎等于故意，法律无须对其保护。但是卖方对标的物的品质有特别保证或者故意不告知瑕疵的，即使买方有重大过失，卖方也应负物的瑕疵担保责任。

我国《合同法》没规定买受人因重大过失而不知标的物有瑕疵，即使出卖人未有标的物无瑕疵的保证时，出卖人也不负有瑕疵担保责任。但出卖人故意不告知标的物存有瑕疵的，出卖人对此仍需负瑕疵保证责任，并应负较重的责任。

但这一点可以在司法解释中得到反应，我国《最高人民法院关于审理买卖合同纠纷案件适用法律问题的解释》第32条规定：合同约定减轻或者免除出卖人对标的物的瑕疵担保责任，但出卖人故意或者因重大过失不告知买受人标的物的瑕疵，出卖人主张依约减轻或者免除瑕疵担保责任的，人民法院不予支持。第33条规定：买受人在缔约时知道或者应当知道标的物质量存在瑕疵，主张出卖人承担瑕疵担保责任的，人民法院不予支持，但买受人在缔约时不知道该瑕疵会导致标的物的基本效用显著降低的除外。

（3）买受人须适时地履行瑕疵通知义务，买方应在法律规定或合同约定的期间内对货物进行检查。在法律没有具体规定或合同也没有明确约定时，对于能依通常检查方法发现的瑕疵，买方应在受领标的物后合理的期间内履行通知义务；对于隐蔽瑕疵，应在日后发现瑕疵的合理时间内履行通知义务。各国法律均规定，不履行或怠于履行瑕疵通知义务，买方丧失瑕疵担保责任请求权。但在质量保证期内，买方履行的通知义务均为有效。检查地点，一般是指买方受领货物的地点；通知的内容，买方应在通知中具体指明瑕疵的内容，而不能仅仅指出标的物存在瑕疵，同时当标的物的瑕疵存在多种时，应将其全部列出。

一般说来，在大陆法系国家，采用民商分立主义的国家区别商人间的买卖和非商人间的买卖，仅对商人间的买卖适用检查通知义务；采用民商合一主义的国家，则不论是商人间的买卖，还是非商人间的买卖，同样适用检查通知义务。在英美法系国家里，检查及瑕疵通知义务不分商人间买卖或非商人间买卖，一律适用。

关于公开拍卖的标的物的瑕疵问题，《德国民法典》第461条规定：物因质权而在公开拍卖中被标明为质物出卖的，出卖人对出卖物的瑕疵不负责任。我国对此也没有规定。

4. 质量瑕疵责任的内容

从我国《合同法》的有关规定来看，出卖人承担的质量瑕疵责任方式主要有以下几项：一是当合同双方当事人对标的物的质量有约定时，出卖人应当按照约定的质量要求交付标的物。二是若出卖人提供有关标的物质量说明的，交付的标的物应当符合该说明的质量要求。三是当事人对标的物质量要求没有约定或者约定不明确的，可以协议补充；不能达成补充协议的，按照合同有关条款或者交易习惯确定。仍不能确定的，按照国家标准、行业标准履行。没有国家标准、行业标准的，按照通常标准或者符合合同目的的特定标准履行。四是凭样品买卖的，出卖人交付的标的物应当与样品及其说明的质量相同，若买受人不知道样品有隐蔽瑕疵的，即使交付的标的物与样品相同，出卖人交付的标的物的质量仍然应当符合同种物的通常标准。

《合同法》第148条规定只有出卖人交付的标的物质量不符合质量要求，致使不能实现合同目的的，买受人才可以解除合同，这显然是引进了英美法系的根本违约制度。按我国《合同法》规定，只要出卖人履行有瑕疵，并因该瑕疵造成了买受人的损害，则买受人便可以请求赔偿损失，而无论出卖人是否为恶意。

我国《合同法》是借鉴英美法系和《公约》的经验，对瑕疵履行适用统一的违约责任，采用此种模式有以下合理之处：

首先，有利于协调物的瑕疵担保责任制度与一般的违约责任制度的关系。如果物的瑕疵担保责任制度的独立存在，与一般的违约责任制度形成了两套无关的、并存的规范，则两者之间容易发生冲突。特别是在对契约责任实行严格责任的国家，瑕疵担保责任与违约责任的区别十分微小，而且，对瑕疵担保责任的救济，也都是从违反履行义务的一般原则中派生出来的，而违约责任的形式基本上已涵盖了传统民法上物的瑕疵担保责任的责任形式，这就大大降低了物的瑕疵担保责任制度的独立存在价值。在归责原则方面，我国《合同法》实行的是严格责任，这就使得我们没有必要在《合同法》中规定物的瑕疵担保责任制度。另外，将违反担保义务，交付有瑕疵标的物的行为作为违约行为对待，也有利于违约责任与商品制造者的产品责任制度之间的衔接，还可以进一步明确出卖人对出卖的商品的担保义务。如规定出卖人不仅对商品质量本身负担保义务，而且对商品在数量、包装以及交付方式等方面均负有担保义务，这些义务都可以组成合同义务，违反这些义务将构成违约责任。显然，这对保护买受人是十分有利的。

其次，对物的瑕疵，实行一般违约责任制度，有利于为买受人提供更多的救济方式。在物的瑕疵担保责任制度中，买受人能采取的救济方式主要是减价和解除合同，只有在标的物缺少出卖人所保证的品质，出卖人故意不告知其瑕疵时，买受人才能请求损害赔偿，这就使合同责任的各种形式如修补、替换、损害赔偿等方式不能在瑕疵担保责任中得到充分运用，从而使买受人难以获得更多的维护其自身利益的补救措施。而按英美法和公约规定，除因具有法定的免责事由以外，出卖人应负不履行合同的责任，买受人可以寻求各种承担违约的责任方式予以救济，这正是当代法律发展的一种新的趋向。这种趋向也是加强对买受人和消费者利益保护在法律上的反映。因此，我国《合同法》借鉴了这一经验，将出卖人交付有瑕疵标的物的情况规定为不适当履行，并且为买受人提供了广泛的补救措施。

最后，采用一般的违约责任制度比采用物的瑕疵担保责任更为简单，有利于减少分歧。如在物的瑕疵担保责任制度中，一般将物的瑕疵按不同标准区分为不同种类，然后对不同种类的物的瑕疵采用不同的救济方式，这样便使问题复杂化。而按一般违约责任制度，只要标的物存在瑕疵，当事人便可采用约定的或法定的救济方式行使权利。另外，关于物的瑕疵担保责任能否适用于种类物，不同国家的法律有不同的规定，而采用不适当履行的违约责任则不存在这样的问题。

我国《合同法》中有关出卖人的物的瑕疵担保责任适用的是

一般违约责任制度，这是符合当今各国立法趋势的。但我国《合同法》有关出卖人的物的瑕疵担保责任的规定在具体条文上还存在一些缺陷，本书在第四章的违约责任中进一步探讨。

（三）买卖合同的价格条款

价款是买受人取得标的物所应支付的代价，买卖合同应当对价款的数额作出明确的约定。价款需要标出标的物的单价和总价、币种、支付方式及程序等，各项须明确填写，不得含糊。在买卖交易中还会产生运费、保险费、装卸费、报关费等一系列费用，该些费用不属于价款本身。价款是指标的物本身的费用。运费等费用属于履行合同所产生的费用，该费用的承担有约定的则按照约定，没有约定或是约定不明的，按照《合同法》第62条第6项的规定，由履行义务一方承担。如果当事人在买卖合同中对价款没有约定或是约定不清的，依照《合同法》第159条补充确定。

1. 买方应按规定支付货款

买方应按法律规定或合同约定的支付时间、地点、方式支付货款。法律和合同没有规定支付时间的，货款的支付应与标的物的交付同时进行；法律和合同没有规定支付地点的，应在卖方的所在地支付；关于支付方式，法律明确规定，除法律或者行政法规另有规定的以外，必须用人民币计算和支付。除国家允许使用现金履行义务的以外，必须通过银行转账或者票据结算。通常支付金额就是合同规定的总金额。但是在履行合同过程中，支付金额和合同规定的总金额有时不一致。例如分批交货、分批支付的合同，每批支付的金额只是合同总金额的一部分；当合同规定有品质增减价条款、数量溢短装条款时（买卖合同的数量条款中规定卖方实际交货数量可多于或少于合同所规定的数量一定幅度的条款。其内容包括溢短装幅度，由谁选择及溢短装部分的作价办法），支付金额就应按实际交货的品质和数量确定；再如价格条款中规定采用非固定作价方法或订有保值条款时，就须按最后确定的价格支付一定金额。由于实际业务中经常发生这类支付金额与合同总金额不一致的情况，因此有必要在支付条款中明确规定支付金额。

2．买方逾期付款

《合同法》第 63 条规定：执行政府定价或者政府指导价的，在合同约定的交付期限内政府价格调整时，按照交付时的价格计价。逾期交付标的物的，遇价格上涨时，按照原价格执行；价格下降时，按照新价格执行。逾期提取标的物或者逾期付款的，遇价格上涨时，按照新价格执行；价格下降时，按照原价格执行。

对于逾期付款，《最高人民法院关于审理买卖合同纠纷案件适用法律问题的解释》第 24 条第 4 款规定：买卖合同没有约定逾期付款违约金或者该违约金的计算方法，出卖人以买受人违约为由主张赔偿逾期付款损失的，人民法院可以中国人民银行同期同类人民币贷款基准利率为基础，参照逾期罚息利率标准计算。由此看来，我国法律关于逾期付款的违约责任的原则是"没约定，就法定"。如果双方当事人有约定则从其约定，如果没有约定违约金或者没约定违约金的计算方法，则出卖人可以中国人民银行同期同类人民币贷款基准利率为基础，参照逾期罚息利率标准要求买受人支付逾期付款利息。

《合同法》第 114 条规定：当事人可以约定一方违约时应当根据违约情况向对方支付一定数额的违约金，也可以约定因违约产生的的损失赔偿额的计算方法。

如果合同主体约定了违约金的具体数额，应按约定数额给付违约金；如果合同主体约定了违约金的计算方法，应按约定方法计算违约金；如果合同主体只约定了违约金，但没有约定具体数额，也没有约定计算方法，则视同无约定，并按照未约定情形处理。

需要注意的是，认定违约金不能仅局限于违约金三个字眼，如果合同中有"滞纳金""赔偿金"，甚至是"罚款"等约定时，且从合同全文分析符合合同法中对违约金的规定，就应遵从当事人的真实意愿，按照违约金进行处理。

（四）买卖合同的履行期限条款

履行期限直接关系到买卖合同义务完成的时间，涉及当事人的期限利益，也是确定违约与否的因素之一。履行期限可以规定为即时履行，也可以规定为定时履行，还可以规定为一定期限内履行。如果是分期履行，还应写明每期的准确时间。

合同履行的期限，是买卖合同双方当事人在协商订立合同过程中约定的，是用来界定合同当事人是否按时履行合同义务或者延迟履行合同义务的客观标准，是双方履行合同的时间界限，该界限经双方当事人在合同上签字生效，受法律保护，违反该约定，应承担相应的法律责任。买卖合同履行的期限，以日、旬、月、季、半年度、年度或跨年度计算。在买卖合同中的履行期限，实际上就是出卖人交付标的物、买受方支付货款的时间。

《合同法》对买卖合同交付期限作了如下规定：

第一，当事人有约定交付期限的，出卖人应当按照约定的期限交付标的物。出卖人可以在该交付时间内的任何时间内交付（《合同法》第138条）。

第二，当事人没有约定标的物的交付期限或者约定不明确的，可按下列方式确定：①协议补充，不能达成协议补充的，按照合同相关条款或者交易习惯确定；②履行期限不明确的，债务人可以随时履行，债权人也可以随时要求履行，但应当给对方必要的准备时间（《合同法》第62条第4款）。一般来说随时履行并不是没有底线的任意时间履行，而是要结合买卖双方提出履行或要求履行的期限来确定，超过该期限的，应为违约；需宽限期的，以合理展期届满为履行，宽限期届满仍未履行的，应为违约；按合同性质应在特定时间履行的，例如中秋节、圣诞节、春节等或季节性货品，未在该季节或节日履行的，应为违约。

第三，标的物在合同订立之前已为买受人占有，合同生效的时间为交付的时间（《合同法》第140条）。

第四，因买受人的原因致使标的物不能按照约定的期限交付标的物的，买受人应当自违反约定之日起承担标的物毁损、灭失的风险（《合同法》第143条）。

（五）买卖合同的履行地点和履行方式条款

1. 履行地点

履行地点即交付标的物的地点，它是确定验收地点的依据，是确定运输费用由谁负担、风险由谁承受的依据；也是确定标的物所有权是否转移、何时转移的依据；还是确定诉讼管辖的依据之一；对于涉外买卖合同纠纷，它是确定法律适用的一项依据。因而它十分重要，应在合同中写明。

合同法中关于买卖合同履行地的规定主要见于《合同法》第61、62、141条。其中，第61、62条是总则中的规定，第141条是分则中的规定。

第61条规定："合同生效后，当事人就质量、价款或者报酬、履行地点等内容没有约定或者约定不明确的，可以协议补充；不能达成补充协议的，按照合同有关条款或者交易习惯确定。"

第62条规定："当事人就有关合同内容约定不明确，依照本法第61条的规定仍不能确定的，适用下列规定：履行地点不明确，给付货币的，在接受货币一方所在地履行；交付不动产的，在不动产所在地履行；其他标的，在履行义务一方所在地履行。"

第 141 条规定："出卖人应当按照约定的地点交付标的物。当事人没有约定交付地点或者约定不明确，依照本法第 61 条的规定仍不能确定的，适用下列规定：（一）标的物需要运输的，出卖人应当将标的物交付给第一承运人以运交给买受人；（二）标的物不需要运输，出卖人和买受人订立合同时知道标的物在某一地点的，出卖人应当在该地点交付标的物；不知道标的物在某一地点的，应当在出卖人订立合同时的营业地交付标的物。"

根据上述规定买卖合同履行地的规定需要考虑以下几个方面：首先双方当事人在合同中对交货地点有约定的，以约定的交货地点为合同履行地。其次，双方当事人在合同中对交货地点没有约定的，但依据法律可以确定的，以法律所确定的交货地点为合同履行地（注：这里所指的法律应包含但不限于《合同法》，《最高人民法院关于适用〈中华人民共和国民事诉讼法〉若干问题的意见》第 19 条也规定了交货地点）。再次，买卖合同的实际履行地点与合同中约定的交货地点不一致的，以实际履行地点为合同履行地。最后，依上述方法对买卖合同的履行地点尚不能确定的，则依《合同法》第 62 条确定：履行地点不明确，给付货币的，在接受货币一方所在地履行；交付不动产的，在不动产所在地履行；其他标的，在履行义务一方所在地履行。

2. 履行方式

履行方式是合同双方当事人约定以何种形式来履行义务。合同的履行方式主要包括运输方式、交货方式、结算方式等。履行方式由法律或者合同约定或者是合同性质来确定，不同性质、内容的合同有不同的履行方式。

根据合同履行的基本要求，在履行方式上，履行义务人必须首先按照合同约定的方式进行履行。如果约定不明确的，当事人可以协议补充；协议不成的，可以根据合同的有关条款和交易习惯来确定；如果仍然无法确定的，按照有利于实现合同目的的方式履行。

以有利于实现合同目的的方式作出履行，应根据买卖合同交易物的目的、用途、性质等因素来确定，例如根据交付的设备来判断是一次交付还是分批交付更有利于合同目的的实现，根据当事人对货物需要的紧迫性、安全性等来判断是交付实物还是交付提取标的物的单证更有利于合同目的的实现，根据交付的物是否是鲜活物品来判断是需要快速交付还是缓慢交付更有利于实现合同目的。

履行地点和履行方式属于指导性条款，当事人未约定或约定不明的，可以依照《合同法》第 61 条、第 62 条第 3 项至第 5 项，以及第 141 条第 2 款、第 160 条、第 161 条补充确定。

（六）买卖合同的履行费用

买卖合同的履行费用是指买卖合同的债务人履行买卖合同所支出的费用。对于买卖合同的履行费用通常依照当事人约定负担费用。如果合同没有约定履行费用或者约定不明确的，则按照合同的有关条款或者交易习惯确定；如果仍然无法确定的，则由履行义务一方负担。但因在原合同清偿地不能履行，或债权人指定新地点，或债权人变更住所或者其他行为而导致履行费用增加时，增加的费用由债权人承担。

履行费用负担不明确是指当事人双方在业已签字或盖章的合同生效后，对于合同履行过程之中所产生的费用由谁负担约定不明确的情形。在双方当事人就此项缺失约定无法达成一致的补充约定，或依据合同有关条款及交易习惯仍然无法确定的情形下，为了实现合同目的，平衡双方利益，实现法律定纷止争的基本原则，法律规定由对合同负有履行义务一方对于履行过程之中所产生的费用予以负担。

在合同成立后，双方发现合同之中某些必要约定并未体现于合同内容之中，应先行交涉，争取达成补充意见，无法达成补充意见，依据《合同法》第 61 条的原则，以合同之中某些条款或交易习惯确定，仍然无法确定的，就适用《合同法》第 62 条的规定。

由履行义务一方负担的费用通常是指与合同的履行相关的费用，依合同的情形，可以是运输、包装、邮寄、装卸、登记、关税等费用，也可以是交通费、快递费、评估费等履行合同产生的必要费用。一些超出履行合同非必要的费用，如果约定不明是不应由履行义务一方承担的。

在实务中当事人约定费用应该注意：①我国税收管理方面的法律法规对于税收的征收均明确规定了纳税义务人，但是对于实际由哪一方当事人缴纳税款并未作出强制性的规定。因此，当事人可在合同中约定由纳税义务人以外的当事人承担相应税费。②有关税费的负担应设置兜底条款，以免遗漏。③可约定纳税义务人在依法纳税后，向合同约定的相应税费负担者的追偿。

（七）买卖合同的违约责任条款

违约责任条款是买卖合同中对于违约责任的一种约定，它是合同当事人违反合同时应该承担的具体责任，《合同法》第 107 条规定："当事人一方不履行合同义务或者履行合同义务不符合约定的，应当承担继续履行、支付违约金、采取补救措施或者赔偿损失等违约责任。"因此违约责任条款通常可以在买卖合同中约定专门的违约条款，也可以将违约责任条款在约定质量责任、交付责任等的同时进行约定。违约责任的约定切勿只是"依法承担违约责任""依法承担赔偿责任"等，违约责任条款应该明确违约责任实现程序、数额或计算方法，最简明的就是直接约定违约方支付违约金××元。

违约金条款的约定具有重要意义，其好处是：①如果约定了违约金条款，会给对方造成一定的心理威慑，促使对方尽可能依约履行合同。②如果你具有一定的实际控制能力权，你就可以直接依违约金条款扣款、压款，取得进一步的谈判主动。③违约金条款对于非违约方而言属于更容易实现的金额，如果对方提出违约金过分高于所造成的损失，则对方应对此承担证明责任。

在实务中对违约责任条款的约定应注意：①违约金条款可与相关的数量条款、质量责任条款、付款条款、迟延交付责任条款一并约定。违约金条款一般约定为："甲方应当……，未……的，应当向乙方支付违约金……元。"②在合同中可将一般违约金与专项违约金分别做出约定。非金钱债务之违约所造成的损失普遍存在证明困难，约定相应的违约金条款更显重要，设置违约金条款时，可就对方可能发生的特定违约行为使非违约方招致损失的范围及金额进行预估，并在此基础上略作增加。③合同约定之违约金应"以补偿性为主、以惩罚性为辅"。违约金系以赔偿非违约方的损失为主要功能，而非旨在严厉惩罚违约方。因此，约定的违约金可略高于对方之违约行为可能造成的损失，但不宜过高。④合同可就负有金钱支付义务一方迟延履行该义务约定"逾期付款违约金"，而不应使用"罚款""罚金""滞纳金"或"利息"等表述。结合司法实践情况，合同约定"每日万分之五"的逾期付款违约金的计算标准，通常可被裁判机构接受。⑤当事人可约定定金责任，给付定金的一方不履行约定的债务的，无权要求返还定金；收受定金的一方不履行约定的债务的，应当双倍返还定金（即"定金罚则"，《合同法》第115条）。⑥当事人可约定承担赔偿责任。约定赔偿金的范围以可得到利益损失为限，可得利益损失主要分为生产利润损失、经营利润损失和转售利润损失等类型。可特别约定此类预期可得利益损失赔偿的具体内容。另外律师费和为实现债权所发生的公证费、保全费、认证费、公告费、查档费、拍卖费、审计费、鉴定费、评估费、检验费、交通费、住宿费等，都可以约定在赔偿的范围之内。

买卖合同当事人可以约定违约的计算方法、违约金的多少、赔偿范围等，但是违约责任毕竟是法定责任，即便当事人没有在合同中作出约定，违约方仍需承担。买卖合同中的违约责任可依照《合同法》第9章关于买卖合同当事人违约责任承担的特别规定以及第7章关于违约责任的一般规定处理。

（八）买卖合同的包装方式条款

包装条款指的是关于货物的包装标准和包装方式的条款。货物的包装方式对于货物的完好至关重要，包装不到位就可能发生货损，引起纠纷。依照《合同法》第156条的规定，出卖人应当按照约定的包装方式交付标的物。对包装方式没有约定或者约定不明确，依照本法第61条的规定仍不能确定的，应当按照通用的方式包装，没有通用方式的，应当采取足以保护标的物的包装方式。

包装方式并非每一个买卖合同都会涉及，一般情况，包装材料或包装流程具体应采用何种标准，应视买卖合同的具体标的物而定。惯常要求包装方式应当按照国家标准或专业（部）标准执行。如果没有这些标准的，则可按承运、托运双方商定并在合同中写明的标准进行包装。有特殊要求或采用包装代用品的，应征得运输部门的同意，并在合同中明确规定。对该项条款未作约定的，不影响买卖合同的成立。

（九）买卖合同的检验标准和方法条款

检验标准和方法，包括检验标准、方法、检验期限、取样方式、提出异议和答复的期限等，《合同法》第157条规定：买受人收到标的物时应当在约定的检验期间内检验。没有约定检验期间的，应当及时检验。第158条规定：当事人约定检验期间的，买受人应当在检验期间内将标的物的数量或者质量不符合约定的情形通知出卖人。买受人怠于通知的，视为标的物的数量或者质量符合约定。当事人没有约定检验期间的，买受人应当在发现或者应当发现标的物的数量或者质量不符合约定的合理期间内通知出卖人。买受人在合理期间内未通知或者自标的物收到之日起两年内未通知出卖人的，视为标的物的数量或者质量符合约定，但对标的物有质量保证期的，适用质量保证期，不适用该两年的规定。出卖人知道或者应当知道提供的标的物不符合约定的，买受人不受前两款规定的通知时间的限制。

在适用《合同法》第157条和158条规定时须注意：

（1）约定的检验期间的调整。约定的检验期间过短，依照标的物的性质和交易习惯，买受人在检验期间内难以完成全面检验的，可以提出调整，因此发生争议的，可以请求人民法院认定。根据《买卖合同司法解释》第18条的规定，约定的检验期间过短，依照标的物的性质和交易习惯，买受人在检验期间内难以完成全面检验的，人民法院应当认定该期间为买受人对外观瑕疵提出异议的期间，并根据本解释第17条第1款的规定确定买受人对隐蔽瑕疵提出异议的合理期间。约定的检验期间或者质量保证期间短于法律、行政法规规定的检验期间或者质量保证期间的，人民法院应当以法律、行政法规规定的检验期间或者质量保证期间为准。

（2）对《合同法》第158条第2款规定的合理期间的确定，根据《买卖合同司法解释》第17条的规定，人民法院具体认定合同法第158条第2款规定的"合理期间"时，应当综合当事人之间的交易性质、交易目的、交易方式、交易习惯、标的物的种类、数量、性质、安装和使用情况、瑕疵的性质、买受人应尽的合理注意义务、检验方法和难易程度、买受人或者检验人所处的具体环境、自身技能以及其他合理因素，依据诚实信用原则进行判断。

《合同法》第 158 条第 2 款规定的"两年"是最长的合理期间。该期间为不变期间，不适用诉讼时效中止、中断或者延长的规定。

买受人在合理期间内提出异议，出卖人以买受人已经支付价款、确认欠款数额、使用标的物等为由，主张买受人放弃异议的，人民法院不予支持，但当事人另有约定的除外。（《买卖合同司法解释》第 19 条）

《合同法》第 158 条规定的检验期间、合理期间、两年期间经过后，买受人主张标的物的数量或者质量不符合约定的，人民法院不予支持。出卖人自愿承担违约责任后，又以上述期间经过为由反悔的，人民法院不予支持。（《买卖合同司法解释》第 20 条）

（3）对未约定检验期间的确定，买卖合同当事人对检验期间未作约定，买受人签收的送货单、确认单等载明标的物数量、型号、规格的，应当认定买受人已对数量和外观瑕疵进行了检验。（《买卖合同司法解释》第 15 条）

出卖人依照买受人的指示向第三人交付标的物，出卖人和买受人之间约定的检验标准与买受人和第三人之间约定的检验标准不一致的，人民法院应当根据《合同法》第 64 条的规定，以出卖人和买受人之间约定的检验标准为标的物的检验标准。（《买卖合同司法解释》第 16 条）

（十）买卖合同的结算方式条款

结算方式是指出卖人向买受人交付标的物后，买受人向出卖人支付包括标的物价款、运费等所有费用的方式。买卖合同的结算方式应遵守中国人民银行结算办法的规定，除法律或者行政法规另有规定的以外，必须用人民币计算和支付。同时，除国家允许使用现金履行义务以外，必须通过银行转账或者票据结算。对该项条款未作约定的，不影响买卖合同的成立。当事人未约定结算方式条款或者约定不明确的，依照《合同法》第 61 条补充确定。

此外在涉外买卖合同及跨民族买卖合同中还有一个重要的条款就是合同使用的文字及其效力。为确保合同内容不发生歧义，避免文字理解上的偏差，从而影响到买卖合同的履行，在涉外买卖合同及跨民族买卖合同中双方当事人应就合同所使用的文字作出明确约定，当事人应当使用约定的文字订立合同。当事人未约定合同使用的文字及其效力条款或者约定不明确的，依照《合同法》第 61 条补充确定。

四、买卖合同所有权转移条款

买卖合同标的物所有权转移是买卖合同的核心条款，是出卖人最重要的义务，它关系到买方利益的实现。通常要求卖方应是合同标的物的所有人，或对标的物有法律上的处分权人，才能保证将标的物的所有权转移给买方。卖方在对标的物享有所有权的同时，还必须保障该物的权利不被第三人追索。如果第三人提出对标的物的权利，并决定收回该物时，卖方有证明第三人无权追索的义务，以保护买方的权益。在订立合同时，如果卖方已将标的物出租或抵押给第三人，应向买方说明情况，以使买方的权益得到保障。如果卖方未向买方说明，由此产生的法律后果，由卖方承担。卖方在转移标的物时，还应当按照规定的交付时间、地点和方式来完成。

（一）买卖合同所有权转移之交付

1. 交付的法律意义

在买卖合同中，标的物的所有权从何时起由卖方转移于买方至关重要。它关系到买卖双方的切身利益。交付对于买卖合同当事人是否出履行合同以及违约的判断具有重要意义；交付对于所有权是否转移，买方权利性质及对抗性以及对于一物数卖的认定及处理也具有重要意义；另外交付对买卖风险的负担及分配风险的界限都具有法律上的意义。

我国《合同法》第133条规定："标的物的所有权自标的物交付时起转移，但法律另有规定或者当事人另有约定的除外。"从该条规定来看，若法律无另外规定或者当事人未作其他特别约定时，交付的时间即为所有权转移的时间。以交付时间为所有权转移时间，符合物权公示原则，有利于维护交易安全和第三人利益，为大多数国家所采用。

把标的物的交付时间作为标的物的所有权转移时间，首先是符合一般的交易观念的，在大量的动产交易中，交付是标的物所有权转移的不可争辩的时间。其次是符合现代交易的特点，在现代交易中绝大部分是种类物交易，买方关心的只是交付，而不关心标的物的确定，因为现代交易的大部分标的物都能从各个市场转买到。如果卖方不能如实交付，买方只关心他是否能从卖方获得及时、充分的损害赔偿。再者，所有权随标的物的交付而转移，显得明确具体，符合物权公示原则，可以减少就所有权归属问题产生的争议。因而，在绝大多数场合，以交付作为所有权转移的时间比较合理，它有利于维护交易安全和第三人利益。但这种界定方法也有其不足，特别是对特定物的买卖，买方总是希望卖方作实际履行，要求卖方把特定物转移给他。以交付作为所有权转移时间，在某些情况下，降低了合同实际履行的可能。如果规定在买卖合同成立时或标的物确定之时转移所有权。买方就可请求卖方作实际履行，法律也有根据强迫卖方交出不属于他的东西，这在特定物买卖中比较突出。

2. 各国有关所有权转移时间的规定

当事人在合同中明确约定了所有权转移的时间时，标的物所有权则在该约定的时间由卖方转移给买方。但是，在实际的标的物买卖中，买卖双方在合同中具体确定所有权转移时间的情况并不普遍。为此，各国法律都作出一些规定，以便在双方当事人对此没有作出规定的情况下，用以确定所有权应于何时转移的问题。不过各国法律对此的规定差异较大，大体上说，主要有三种规定：一是规定以买卖合同有效成立之时转移所有权，以法国为代表的法律主张在买卖合同成立之时转移所有权。《法国民法典》第 1583 条规定：当事人双方就标的物及其价金相互同意时，即使标的物尚未交付，价金尚未支付，买卖即告成立，而标的物的所有权即依法由出卖人转移于买受人。以合同的有效成立作为标的物所有权的转移时间有利于维护合同的严肃性，有助于实现买方取得标的物的期望。所有权的转移标志着对标的物的控制权、处置权的转移。二是规定在标的物交付之时转移所有权。三是规定原则上以交付时间作为所有权转移时间，同时设有过渡性条件。

美国在采用《统一商法典》以前，关于标的物所有权转移的法律同英国法基本是一致的。当时，美国法也同英国法一样认为所有权的转移是一个至关重要的问题，它决定着风险的转移、保险利益的归属、买卖双方可享有的救济方法以及有关的权利义务。但是后来美国许多法学界人士认识到，把所有权的概念同与它无直接关系的问题搅在一起，是不符合当代商业发展要求的。因此，美国在制定商法典时就抛弃了这种观念，把所有权转移问题同风险转移及救济方法等问题分离开来，分别作出具体规定，而不再以所有权的转移作为决定风险与救济方法的关键因素。

美国《统一商法典》第 2－401 条对所有权转移作了如下规定：①在货物买卖合同规定之货物被确定之前，货物买卖合同不得转移货物的所有权。除非另有明确的约定，买方在货物确定后取得其本法规定内的特别财产权。卖方对运送给或交付给买方的货物所保留的所有权事实上只限于保留担保物权。在不违反这些规定和有担保的交易规定（第九篇）的前提下，买卖双方可以用明确规定的任何方式、任何条件将货物所有权从卖方转移到买方。②除非另有明确规定，卖方完成其物质上交货义务的时间和地点就是所有权从卖方转移给买方的时间和地点，而不论他是否保留有何种形式的担保物权，即便货物所有权凭证在另一地点、另一时间交付也是如此。特别是用提单保留担保物权时也是如此，如果：A. 合同要求或授权卖方向买方送货，但不要求卖方在目的地交货，所有权在装运的时间和地点转移给买方；B. 如果合同要求在目的地交货，所有权就在该地交货时转移。C. 除非另有明确约定，当不需移动货物即可交付时：A. 如果卖方应交付所有权凭证，那么，所有权在他交付所有权凭证的时间和地点转移；B. 如果在签订合同时，货物已经确定，且无需交付所有权凭证，所有权在合同签订的时间和地点转移。

（二）交付的认定

交付即转移标的物的占有，交付分为现实交付和观念交付，现实交付是直接占有的移转，指在约定的时间、地点，当事人基于移转直接占有的合意，将直接占有的标的物由一方移转给另一方。通说认为交付的要件有两个：一是移转占有，即现实交付与简易交付移转的是直接占有，指示交付与占有改定则移转的是间接占有。二是具有交付的合意，即当事人之间就占有的移转达成协议。因此，仅有占有的移转，没有交付的合意，不构成交付，不发生动产物权的变动。

交付通常分为两类四种：第一类现实交付（《物权法》第23条）。第二类观念交付，指交付在观念中发生。观念交付分为三种：一是简易交付（《物权法》第25条），二是指示交付（《物权法》第26条），三是占有改定（《物权法》第27条）。除占有改定不能作为质权设立的交付方式以外，四种交付方式在动产物权变动中的功能相同。

1. 现实交付

现实交付是指事实管领力的移转，即双方在约定的地点，基于合意移转直接占有，使受让人取得直接占有，让与人放弃全部占有地位。直接占有是不是终局性移转，须依一般交易观念确定。主要包括即时交付、送货交付、提货交付等。《合同法》第141条规定，在买卖合同中，如果当事人"没有约定交付地点"又"不能协商确定的"，如果货物"需要运输"的，则出卖人将标的物交付第一承运人时，即在出卖人和买受人之间完成了交付。《买卖合同司法解释》第11条"标的物需要运输的"，是指标的物由出卖人负责办理托运，承运人系独立于买卖合同当事人之外的运输业者的情形。货交第一承运人即完成现实交付。但有三个条件：一是买卖为动产买卖合同，不动产买卖不能适用；二是没有约定交付地点；三是货物需要运输。需要注意的是在动产买卖合同中：若约定了交付地点，就应在约定的地点完成交付，否则就不是现实交付；若没有约定交付地点，但货物又不需要运输，交付的地点是出卖人所在地。

2. 观念交付

观念交付又称拟制交付、象征交付，指出卖人并不实际转移占有，而是将对标的物占有的权利转移给买受人，以代替实物交付。《合同法》第135条规定：出卖人应当履行向买受人交付标的物或者交付提取标的物的单证，并转移标的物所有权的义务。

观念交付通常包括简易交付、指示交付和占有改定。

（1）简易交付。

简易交付是动产物权设立和转让前，权利人已经依法占有该动产的，物权自法律行为生效时发生效力。简易交付也是一种观念交付，指动产物权的受让人已经直接占有该动产，在让与人与受让人就移转动产所有权或设立动产质权达成合意时，即视为已经完成现实交付。简易交付规定在《物权法》第 25 条。例如甲将汽车借给乙使用期间，乙要求购买甲借给自己的汽车，甲同意。此时甲、乙间的汽车买卖合同生效时，即完成了汽车的简易交付。乙于买卖合同生效时取得汽车的所有权。

（2）指示交付。

指示交付是一种观念交付。指示交付是指让与人的动产被他人直接占有期间，让与人与受让人合意移转动产所有权或设立动产质权，且合意对受让人移转让与人对动产直接占有人的返还请求权（包括债权返还请求权、返还原物请求权或者占有回复请求权），以代替现实交付。指示交付包括两个合意，一是移转动产所有权或者设立动产质权的合意，二是让与返还请求权的合意。指示交付规定在《物权法》第 26 条。须注意：《物权法》第 25 条要求第三人依法占有动产。事实上，第三人非法占有动产的，亦可指示交付。

指示交付分两种情形：第一种情况，让与人系间接占有人（如出租人、出借人、寄存人）时，可将他基于占有媒介关系（租赁、借用、寄存）所生的债权返还请求权让与受让人，以代替交付。这种返还请求权的让与同时为间接占有的移转，例如甲将相机出租给丙，租期半年。期间，乙提出购买甲的这部相机，甲同意。双方约定等甲、丙间的租赁合同终止时，乙直接请求丙返还相机。指示交付是为了两全其美，甲对乙让与的是基于租赁合同的返还请求权，因为此时甲对丙不享有返还原物请求权（丙还是有权占有人），甲、乙让与债权性返还请求权的合意达成时，甲同时将对相机的间接占有移转给乙，完成了指示交付，乙取得相机的所有权，租期届满，丙成为无权占有人，乙作为所有权人，可以对丙行使《物权法》第 34 条的返还原物请求权。第二种情况，让与人是非间接占有人时，可对受让人让与对直接占有人的返还原物请求权或者占有回复请求权以代现实交付，例如甲的手机被乙盗窃，丙听说后提出购买该手机，甲表示同意。双方还约定丙自己找乙要回该手机。此时甲不是该手机的间接占有人（因缺乏占有媒介关系），甲可将自己对乙的返还原物请求权或者占有回复请求权让与给丙，以代交付。甲、丙达成让与返还请求权的合意时，即完成了指示交付，丙取得手机所有权。虽然返还原物请求权不得单独转让，但通说认为，指示交付属于例外。

（3）占有改定。

占有改定即动产物权转让时，双方又约定由出让人继续占有该动产的，物权自该约定生效时发生效力。占有改定交付规定在《物权法》第26条。本条所规定的占有改定即是出让人自己保留直接占有，而为受让人创设间接占有以代替现实交付的一种变通方法。占有改定交付的认定必须符合下列三项要件：一是须让与人与受让人达成移转动产物权的合意，使得受让人取得动产所有权；二是受让人和让与人之间有由让与人继续占有该动产的双方约定；三是让与人已经对物进行了直接占有或者间接占有。除去现实已经存在的动产，占有改定制度还适用于将来可取得的动产。

占有改定情形下所有权的移转仅仅是通过当事人的合意在观念中完成的，以占有改定取得的所有权移转，第三人无从察知物权的变动，所以对于因信赖出让人直接占有动产这一事实状态而与之交易的第三人，我们就必须通过善意取得制度加以保护。

（三）一物数卖合同所有权的确定

一物数卖，即出卖人就同一标的物订立数个买卖合同，出售给数个买受人。一物数卖导致多个合同效力待定，标的物权属不明，当事人之间易引发纠纷，不利于维护交易秩序，有必要予以规范。

确定一物数卖情形下标的物所有权的归属，仍须从不同国家与地区物权变动模式的立法选择入手。在以我国为代表的债权形式主义的物权变动模式之下，应依如下规则判断：

（1）出卖人就同一普通动产订立多重买卖合同，在买卖合同均有效的情况下，买受人均要求实际履行合同的，应当按照以下情形分别处理：首先，如果有先行受领的买受人，应确定先行受领交付的买受人取得所有权，其他买受人因不能取得所有权可以要求出卖人承担违约责任；其次，如果无先行受领交付的买受人，但有先行支付价款的买受人，应确定先行支付价款的买受人取得所有权，其他买受人因不能取得所有权可以要求出卖人承担违约责任；最后，如果没有前两种情况应确定依法成立在先合同的买受人取得所有权，其他买受人因不能取得所有权可以要求出卖人承担违约责任。

在债权形式主义的物权变动模式下，标的物为动产时，依据我国《合同法》第133条规定，标的物所有权自标的物交付之时起移转。该项规则属任意性规范，允许当事人经特约予以变更。一旦当事人约定标的物所有权自买卖合同成立时起即移转，则标的物在所有权移归买受人后，出卖人仍占有标的物。出卖人此后又与后买受人订立买卖合同，并将标的物交付给善意的后买受人的，该后买受人取得标的物所有权，前买受人先前取得的标的物所有权即告丧失。若标的物为不动产，出卖人与前买受人订立买卖合同后办理预告登记手续的，前买受人的合同债权即具有对抗第三人的效力，尽管出卖人与后买受人之间的买卖合同为生效合同，前买受人仍可基于预告登记手续取得标的物所有权。

（2）出卖人就同一船舶、航空器、机动车等特殊动产订立多重买卖合同，在买卖合同均有效的情况下，买受人均要求实际履行合同的，应当按照以下情形分别处理：一是确定先行受领交付的买受人取得所有权；二是无第一种情况，应确定先行办理所有权转移登记手续的买受人取得所有权；三是无前述两种情况的，应确定依法成立在先合同的买受人取得所有权；四是无上述三种情况，出卖人将标的物交付给买受人之一，又为其他买受人办理所有权转移登记，应确定已受领交付的买受人取得所有权。

（四）标的物毁损灭失风险承担条款

标的物风险责任负担，是指买卖合同履行过程中发生的标的物意外毁损灭失的风险由哪一方当事人负担。一般情况下，标的物的所有权自交付时转移，风险承担随之转移。

根据我国《合同法》规定，风险负担按交付原则确定。具体来说，即标的物毁损灭失的风险，在标的物交付之前由出卖人承担，交付之后由买受人承担，但法律另有规定或当事人另有约定的除外。

对于各种不同交付方式，《合同法》确定的风险负担原则是：①买受人亲自提取标的物的，出卖人将标的物置于约定或法定地点时起，风险由买受人承担。②出卖人出卖交由承运人运输的在途标的物，除当事人另有约定外，自合同成立时起，在途风险由买受人承担。③对于需要运输的标的物，没有约定交付地点或约定不明确的，自出卖人将标的物交付给第一承运人起，风险由买受人承担。④买受人受领迟延的，自迟延成立时起负担标的物风险。根据《合同法》规定，出卖人未按照约定交付有关标的物的单证和资料的，不影响标的物毁损、灭失风险的转移。因标的物质量不符合要求致使不能实现合同目的，买受人如果不接受标的物或者解除合同的，标的物毁损、灭失的风险由出卖人承担。

第三章　买卖合同的效力

　　我国《民法总则》第 6 章第 3 节对民事法律行为的效力作出了明确规定，该规定对于认定买卖合同的效力具有重要的意义。《民法总则》第 143 条规定的是民事法律行为有效条件，主要包括：行为人具有相应的民事行为能力；意思表示真实；不违反法律、行政法规的强制性规定，不违背公序良俗。该规定为确定买卖合同效力的主要依据。

　　《民法总则》第 153 条规定的是民事法律行为的无效，主要包括违反法律、行政法规的强制性规定的和违背公序良俗的行为无效。《民法总则》第 154 条具体规定了恶意串通，损害他人合法权益的行为无效。第 144 条规定无民事行为能力人实施的民事法律行为无效。我国《合同法》也具体规定了合同的无效和有效，依《民法总则》之精神和现行《合同法》的规定，对买卖合同的效力分为下面几个问题介绍。

一、有效买卖合同

　　有效买卖合同是指的买卖合同符合生效要件，因而发生执行力的买卖合同。我国《民法总则》第 143 条规定具备下列条件的民事法律行为有效：①行为人具有相应的民事行为能力；②意思表示真实；③不违反法律、行政法规的强制性规定，不违背公序良俗。我国《合同法》第 44 条规定："依法成立的合同，自成立时生效。"

（一）有效买卖合同的条件

1. 订立买卖合同的当事人有缔约能力

订立合同的当事人双方都必须具有订立合同的资格。作为自然人，必须达到法律规定的年龄，且智力发育健全；作为法人，必须经过合法的登记注册，并且在自己的经营活动范围内，才能作为合格的当事人订立合同；一些非法人的组织、团体在一定范围内也可以成为合同当事人。

自然人订立合同应当具有完全民事行为能力。我国《民法总则》第17条规定：18周岁以上的自然人为成年人。不满18周岁的自然人为未成年人。第18条规定：成年人为完全民事行为能力人，可以独立实施民事法律行为。16周岁以上的未成年人，以自己的劳动收入为主要生活来源的，视为完全民事行为能力人。第19条规定：8周岁以上的未成年人为限制民事行为能力人，实施民事法律行为由其法定代理人代理或者经其法定代理人同意、追认，但是可以独立实施纯获利益的民事法律行为或者与其年龄、智力相适应的民事法律行为。第20条规定：不满8周岁的未成年人为无民事行为能力人，由其法定代理人代理实施民事法律行为。第21条规定：不能辨认自己行为的成年人为无民事行为能力人，由其法定代理人代理实施民事法律行为。

作为自然人主体的个体工商户必须依法经工商行政管理机关核准登记，取得营业执照，并在核准登记的业务范围内订立合同。

法人应当具备国家法律规定的法人条件，并依法取得法人资格。其中企业法人必须依法经工商行政管理机关核准登记，取得营业执照，并在核准登记的业务范围内订立合同。法定代表人是法人单位的合法代表人，全权代表法人对外订立合同。法定代表人签订合同时，应当出示身份证明以及法人营业执照或法人项目证明。其他组织（非法人组织，包括法人的分支机构、个人独资企业及合伙企业等），也必须依法经工商行政管理机关或其他主管机关核准登记，取得合法资格。这些组织的负责人依法代表本单位对外签订合同。

代理人代订合同，必须事先取得委托人的授权委托书，并在授权范围内以委托人的名义签订，才对委托人直接产生权利和义务。理论上，认定代理人有无签订合同代理资格的唯一依据是授权委托书（委托证明），但在实践中介绍信、盖有合同专用章或公章的空白合同等也往往作为代理资格的书面凭证，从规范的角度来看，介绍信的基本功能是证明一种关系，起一定的介绍和证明作用，是人们交往的媒介，并不完全具备代理证书的性质、特点和内容，容易为他人利用进行经济诈骗活动。

2. 买卖合同当事人意思表示真实

意思表示真实即买卖合同当事人在订立合同的整个过程中所提出的要约或承诺的内容，都是自己独立意志的表现，是其真实的意思表示。

意思表示是当事人将与对方订立合同的意愿表现于外部的行为。意思表示应当是当事人自主、自由、自愿地表达的真实意志。只有当事人在订立合同的过程中，对合同的内容表达了其真实的意思，合同才受法律保护。在正常的情况下，行为人的意志总是与其外在表现相符的。但是，由于某些主观上或客观上的原因，也可能发生两者不相符的情形。例如，当事人一方故意捏造虚假情况或隐瞒、掩盖真相，这就会使另一方当事人形成错误认识而订立合同；又如，一方当事人利用另一方的某种急迫要求而进行要挟或采用其他方法强迫其接受某些极不合理的条件而订立的合同，等等。上述情况下所订立的合同，都是意思表示不真实的合同，因而作为有瑕疵的买卖交易，允许受到损害一方通过法律手段予以撤销。

3. 买卖合同不违反法律、行政法规的强制性规定，不违背公序良俗，内容合法

要求买卖合同的标的合法、内容合法等。买卖合同的标的合法，即合同标的不属国家明令禁止买卖的物或法律、政策所不允许的行为，或者须特许但未经许可经营的物或行为。合同内容合法，包括合同标的数量、质量合法、价格合法以及当事人的目的无规避法律之意，没有违反社会公共利益等。合同的内容不得违反法律、法规的强制性规定（如法律、法规明令禁止从事的活动），法律、法规规定必须采用特定形式或必须经过公证、鉴证或批准、登记后才能生效的合同，必须符合特定的形式或履行特定程序才能生效。

（二）有效买卖合同的认定

1. 符合生效要件的买卖合同有效

符合《民法总则》第 143 条条件的买卖合同有效，如前面对生效要件的阐述，买卖合同当事人如果具有相应的民事行为能力，意思表示真实，交易内容不违反法律、行政法规的强制性规定，不违背公序良俗。买卖合同就有效，这应该是对买卖合同效力最基本的判断依据。

2. 限制民事行为能力人实施的与其年龄、智力、精神健康状况相适应的买卖合同有效，实施的其他买卖行为经法定代理人同意或者追认后有效，实施的纯获利益的民事法律行为有效

该规则由《民法总则》第 145 条第 1 款确定，它衔接民事法律行为效力的追认制度。限制民事行为能力人所从事的民事法律行为，在有效之外应为无效。但立法将限制民事行为能力人有效

之外的无效行为归入了可追认，通过其法定代理人的追认可生效。《合同法》第47条规定，限制民事行为能力人订立的合同，经法定代理人追认后，该合同有效，但纯获利益的合同或者与其年龄、智力、精神健康状况相适应而订立的合同，不必经法定代理人追认。相对人可以催告法定代理人在一个月内予以追认。法定代理人未作表示的，视为拒绝追认。合同被追认之前，善意相对人有撤销的权利。撤销应当以通知的方式作出。

3. 法定代表人依代表行为签订的买卖合同有效

法定代表人依代表行为签订的买卖合同是指法定代表人以法人名义对外签订的买卖合同，《民法总则》61条规定："依照法律或者法人章程的规定，代表法人从事民事活动的负责人，为法人的法定代表人。法定代表人以法人名义从事的民事活动，其法律后果由法人承受。法人章程或者法人权力机构对法定代表人代表权的限制，不得对抗善意相对人。《民法总则》在法人一章对法人的法定代表人行为效力的规定也构成民事法律行为效力制度的一部分。代表行为以"身份及名义"进行判断，在今后合同审查中应注意是否需要约定盖章后生效。

《合同法》第50条规定：法人或者其他组织的法定代表人、负责人超越权限订立的合同，除相对人知道或者应当知道其超越权限的以外，该代表行为有效。

4. 依职务行为签订的买卖合同有效

职务行为指的是法人或者非法人组织工作人员执行工作任务的行为，它是依工作职责签订买卖合同的行为。《民法总则》第170条规定：执行法人或者非法人组织工作任务的人员，就其职权范围内的事项，以法人或者非法人组织的名义实施民事法律行为，对法人或者非法人组织发生效力。法人或者非法人组织对执行其工作任务的人员职权范围的限制，不得对抗善意相对人。

这里的职务行为以"身份、职权或职责、名义"进行判断，凡工作人员以单位的名义，执行单位的工作任务，履行其工作职责签订的买卖合同为有效的买卖合同，但要注意职务行为与"表见代理"之间的关系。职务行为主要是依据权利内观即身份、职权作出判断，而表见代理主要是依据权利外观即是否有足以使善意第三人信赖的事实作出判断。

5. 依表见代理签订的买卖合同有效

买卖合同中的表见代理，是指买卖合同订立和履行中，行为人虽无代理权，但因被代理人的行为造成了足以使善意相对人合理相信行为人具有代理权的事由或表征的代理，因而被代理人须对行为人的缔约和履约行为负授权人的法律责任。《民法总则》第 172 条规定：行为人没有代理权、超越代理权或者代理权终止后，仍然实施代理行为，相对人有理由相信行为人有代理权的，代理行为有效。《合同法》第 49 条规定：行为人没有代理权、超越代理权或者代理权终止后以被代理人名义订立合同，相对人有理由相信行为人有代理权的，该代理行为有效。

通说认为表见代理需要具备以下特殊构成要件：

其一，行为人无代理权，即行为人没有代理权、超越代理权或者代理权终止后，仍然实施代理行为，这是构成表见代理的前提条件，表见代理就其本质而言仍属于无权代理。

其二，客观上须具有使相对人相信无权代理人具有代理权的客观情事，或者说具备表见授权，这是表见代理赖以成立的基本条件。例如被代理人曾经向相对人表示自己把代理权授予他人，而实际上自己根本未曾授权他人；被代理人知道他人以自己名义为代理行为却不表示反对；无权代理人持有被代理人的委托书或者与被代理人有合伙或长期雇佣关系。而且这些客观情事必须达到足以令有理智的人相信的程度，否则仍不能构成表见代理。

其三，相对人主观上须是善意无过失，也就是相对人不知道也不应知道无权代理人对于所为事项并无代理权。如果相对人明知其无代理权而仍与之签订合同，则为恶意，不能成立表见代理。如果相对人只需稍加注意，进行一定的审查便可发现无权代理人事实上并无代理权，但由于其疏于审查或审查不严，轻信行为人有代理权，则为有过失，也不能成立表见代理。

其四，行为人与相对人实施的民事行为应当符合法律行为的一般有效要件和代理行为的表面特征。

其五，被代理人的行为客观上促使了表见授权的形成，即被代理人对这种客观情事的形成具有可归责性或者具有利益上的关联。各国的相关法律均可发现隐含着这一要求。按照这一构成要件，由于被代理人意志以外的原因形成的表见授权，被代理人不负责任，如无权代理人持盗窃或伪造的授权书进行代理行为。该要件使动的交易安全与静的交易安全即被代理人合法利益的保护得以保持平衡，避免了完全依据表见授权来判定表见代理的成立，使表见代理的范围被控制在合理限度内，这是符合法律的正义价值的。

6. 经追认及事后取得处分权的买卖合同有效

《合同法》第51条规定：无处分权的人处分他人财产，经权利人追认或者无处分权的人订立合同后取得处分权的，该合同有效。

《买卖合同司法解释》第3条第1款规定：当事人一方以出卖人在缔约时对标的物没有所有权或者处分权为由主张合同无效的，人民法院不予支持。这一规定对标的物没有处分权的买卖合同的有效作出确定，通常适用于下列情况：第一，国家机关或者国家举办的事业单位处分"直接支配的不动产和动产"，不符合"法律和国务院的有关规定"（《物权法》第53、54条）；第二，抵押人出卖抵押物未经抵押权人同意（《物权法》第191条2款）；第三，融资租赁承租人付清全部租金之前出卖租赁设备

（《合同法》第 242 条）；第四，保留所有权买卖合同的买受人在付清全款之前转卖标的物（《合同法》第 134 条）；第五，将来财产的买卖，即出卖人出卖尚未取得所有权之物。上述 5 种情形皆为处分权有瑕疵的情况，但不适用《合同法》的第 52 条确认无效，而应当依该解释的第 3 条确定有效，并适用违约责任的的规定。

《合同法解释（二）》第 15 条规定：出卖人就同一标的物订立多重买卖合同，合同均不具有《合同法》第 52 条规定的无效情形，买受人因不能按照合同约定取得标的物所有权，请求追究出卖人违约责任的，人民法院应予支持。该规定确认了"一物数卖"的合同有效（并不当然无效）。

7. 有权代理签订的买卖合同有效

有权代理是指代理人在授权的范围内以被代理人的名义行使代理权签订的买卖合同，其行为由被代理人承担，即代理人与第三人签订的买卖合同对被代理人和第三人发生效力。

有权代理必须具备下列要件：其一，代理人须有代理权，该代理权的依据可以是基于委托或基于法律规定。其二，代理人须作出或者接受法律行为上的意思表示，代理人的意思表示不仅包括双方意思表示，还包括单方意思表示。但在买卖合同中的代理须是向相对人为买卖的意思表示，即具有双方法律行为的意思表示。其三，代理人为代理行为须以被代理人的名义。其四，代理人应当遵守法律规定的或当事人约定的代理义务。其五，代理应当在法律规定的范围内适用。

《民法总则》第 161 条规定：民事主体可以通过代理人实施民事法律行为。依照法律规定、当事人约定或者民事法律行为的性质，应当由本人亲自实施的民事法律行为，不得代理。第 162 条规定：代理人在代理权限内，以被代理人名义实施的民事法律行为，对被代理人发生效力。

8. 附条件的买卖合同在条件成就时生效

附条件的买卖合同指当事人在买卖合同中特别约定一定的条件，并以条件是否成就来决定合同效力的协议。附条件的买卖合同的条件是对买卖合同的生效和失效的限制，条件可以增加买卖交易的灵活性，减少不必要的风险、损失及责任负担。买卖合同所附条件，可以是自然现象，也可以是人的行为或其他事实，但必须是特定的事实，并具备如下特征：

其一，条件必须是将来发生，而不能是已经发生的。其二，条件的发生是不确定的事实，如果在订立合同时就已经确定的事实，不属于附条件的买卖合同。其三，条件必须具有合法性，以非法的事实作为条件，即便条件成就，合同也不能生效。其四，条件属于非依合同性质决定的条件，也不能与合同的主要内容相矛盾。

我国《民法总则》第 158 条规定：民事法律行为可以附条件，但是按照其性质不得附条件的除外。附生效条件的民事法律行为，自条件成就时生效。附解除条件的民事法律行为，自条件成就时失效。

（三）有效买卖合同的法律效果

1. 有效买卖合同的法律约束力

有效买卖合同是符合合同法规定的全部有效要件的合同，当事人的合意为法律所承认，具有法律约束力。有效合同的法律约束力通常体现为双方当事人应承担相应的法律义务，双方当事人不得擅自变更或解除合同，合同受国家强制力保障。有效买卖合同具有执行力，其具体效果包括：

第一，有效买卖合同之约束效果，是指买卖合同双方当事人应承担买卖合同规定的义务，信守合同条款，双方当事人不得擅自变更或解除合同；反之，无效合同的条款不能具有约束力。

第二，有效买卖合同之执行效果，是指买卖合同双方当事人按照合同要求作出履行，合同当事人缔约目的可以通过履行行为来实现；反之，无效合同当事人预设的目的不能实现，合同不能执行。

第三，有效买卖合同之证明效果，是指当买卖合同双方当事人发生纠纷可以出示有效合同书进行举证，该合同条款即当事人的法律，应该得到执行。

第四，有效买卖合同之责任效果，是指买卖合同受国家强制力保障，当事人一方违约，非违约方可以依照法律程序得到强制性的保障；反之，无效合同当事人利益不能得到支持，只能依据法律的规定对无效合同作出处理。

2. 合同成立与合同有效的关系

合同成立与合同有效是不同的概念。合同成立后才涉及合同有无法律效力，从何时发生法律效力的问题。签订合同时，当事人的意思表示一致合同即告成立，但已成立的合同如果缺乏合同有效的要件，则合同虽然成立，也属于无效合同。所以，合同成立是合同有效的基础，已订立的合同必须符合合同的有效要件，才有法律效力。通常所说的依法成立的合同，是指完全符合合同有效要件的合同。

3. 买卖合同的生效时间与终止时间

合同生效的时间，是对合同何时有效的判断，表明合同是否有必要履行。但有效合同从什么时候开始发生法律效力，则必须通过合同生效时间予以确认。合同生效时间通常有以下几种情况：第一，从合同成立时即发生法律效力，如一般的合同签字盖章后即成立生效；第二，合同中有特别约定，如约定条件、期限、交付定金等，则条件成就或者期限到来，或交付定金时，合同生效；第三，法律规定或当事人约定要经过鉴证、公证、登记或批准后才能生效的合同，经上述程序后，合同生效。

买卖合同效力终止，主要有以下几种情况：第一，合同全部履行，即因清偿而终止；第二，合同依法解除，即因协议解除或法定解除而终止；第三，通过抵销、混同、免除、提存等方式终止。

（四）买卖合同的自由、公平、诚信原则

买卖合同的原则对确认买卖合同的效力具有重要作用。可以说，凡是无效买卖合同和可撤销的买卖合同都不符合或违反了买卖合同法原则的要求。商品关系的复杂性决定了买卖合同关系的复杂性。在缺少具体标准的情况下，按照买卖合同法的原则对合同效力进行判断是十分必要的。买卖合同的原则直接体现了合同法的价值目标，或者说，合同法原则具有稳定性，虽然在不同的时期不同的社会制度下有不同的解释。但它是不会经常变动的。

买卖合同法的原则主要有合同自由原则、诚实信用原则和公平原则。

1. 合同自由原则

合同自由原则是指合同主体在进行合同活动时意志独立、自主和行为自主，即合同主体在从事合同交易时，以自己的真实意志来充分表达自己的意愿，根据自己的意愿来设立、变更和终止民事权利义务关系。合同本质上就是当事人通过自由协商，决定其相互间权利义务关系，并根据其意志调整相互间的关系。为使当事人的意思能产生法律上的拘束力，当事人应依法享有自由决定缔约，选择缔约伙伴和决定合同内容，自由决定合同的变更和解除等权利。当事人在法律范围内享有的这种自由都是合同自由原则的体现。合同自由原则具有较为广泛的内容：

第一，缔结合同的自由，即缔约当事人有权决定是否与他人

订约，此种自由是自由决定合同内容等方面自由的前提。因为，如果当事人不享有缔结合同的自由，也就谈不上自由决定合同内容的问题。

第二，选择合同相对人的自由，即当事人有权自由决定与何人订立合同。合同相对人的信誉、能力，乃至身份的不同完全可能决定合同目标能否实现，相对人的不同决定了当事人是否愿意签订这一合同。

第三，决定合同内容的自由，即当事人在法律规定的范围，可以自由决定合同条款，只要其内容不违背法律、法规和社会公共利益，法律就承认其有效。当事人有权通过协商，改变法律的任意性规定，同时也可以在法律规定的有名合同之外，订立无名合同或者混合合同。

第四，协商变更和解除合同的自由，当事人有权通过协商，在合同成立以后变更合同的内容或解除合同。当事人可以自由缔结合同，也可以通过协商自由解除合同；可以自由决定合同的内容，也可以通过协商而变更合同的内容。

第五，选择合同方式的自由，当事人依法享有选择合同方式的自由。当事人可以决定是采取书面形式还是口头形式，采用电子方式还是对话方式。现代合同立法越来越注重交易形式的简化、实用、经济和方便，从而在合同方式的选择上不再具有重视书面形式，轻视口头形式的倾向，而是根据实际需要，对有些合同规定为书面形式，对有些合同允许采用口头形式，从而扩大了当事人选择合同方式的自由。从我国现行立法来看，在合同的方式方面除了一些必须采取书面形式订立的合同以外，对其他合同，是允许当事人采取口头方式的。当然对口头合同，当事人负有举证证明合同关系和合同内容的责任。

我国《合同法》第 4 条规定：当事人依法享有自愿订立合同的权利，任何单位和个人不得非法干预。第 10 条规定：当事人可以选择合同的形式。第12条规定：合同的内容由当事人约定。第77条规定：当事人协商一致，可以变更合同。第93条规定：当事人协商一致，可以解除合同。

2. 诚实信用原则

诚实信用原则，是指合同当事人在设立、履行、变更、终止合同等方面，要诚实不欺，讲求信用、恪守诺言、不损害他人利益和社会利益。诚实信用原则的宗旨在于实现当事人之间的利益关系和当事人与社会间的利益关系这两个利益关系的平衡。在当事人之间的利益关系中，诚实信用原则要求尊重他人利益，以对待自己事务的注意对待他人事务，保证当事人能够得到自己应得的利益，不得损人利己。当发生特殊情况使当事人间的利益关系失去平衡时，应进行调整，使利益平衡得以恢复，由此维持一定的社会经济秩序。在当事人与社会的利益关系中，诚实信用原则要求当事人不得通过自己的民事活动损害第三人和社会的利益，必须在权利的法律范围内以符合其社会经济目的的方式行使自己的权利。其本质可以概括为诚实不欺、信守诺言、不损人利己。

诚实信用原则被奉为现代民法的最高指导原则，被称为"帝王条款"，英美国家早在衡平法和判例中就确立了诚实信用原则，衡平法官在处理案件中广泛地适用了诚实信用原则。从20世纪以来，美国也以制定法的形式正式确认了诚实信用原则。《美国统一商法典》第1-203条规定：本法所涉及的任何合同和义务，在其履行或执行中均负有遵守诚信原则之义务。《法国民法典》第1134条规定契约应当以善意履行，学者们一般将该规定所要求的"善意"解释为诚实信用，而真正将"诚实信用"作为法律规范确定下来的是1863年的《撒克逊民法典》，该法典第858条规定：契约之履行，除依特约、法规外，应遵守诚实信用，依诚实人之所应为者为之。但依该法之规定，当事人可以依特约排除对诚实信用履行要求的适用，所以该法关于诚实信用的规定在性质上仍属于任意性规范，难以称为一项基本原则。只有《德国民法典》冲破了概念法学的阻碍，明确将诚实信用作为一项强行性规范规定下来，并将其作用领域由合同扩大到一切债之关系中。该法第 242 条规定：债务人须依诚实与信用，并照顾交易惯例，履行其给付。这使诚实信用原则成为债之履行的基本原则。

我国《民法总则》第 7 条规定：民事主体从事民事活动，应当遵循诚信原则，秉持诚实，恪守承诺。我国《合同法》专条单列了诚实信用原则，更加突出了诚实信用原则的重要地位。该法第 6 条规定：当事人行使权利、履行义务应当遵循诚实信用原则。

作为合同法的一项基本原则，诚实信用原则的主要体现是：第一，订立合同时，当事人要真实地向对方陈述与订立合同有关的事实或情况，不得有欺诈行为；无论合同是否成立，对在订立合同过程中知悉的商业秘密，不得泄露或者不正当地使用。第二，履行合同过程中，当事人应当按照合同约定全面履行自己的义务；应当根据合同的性质、目的和交易习惯履行通知、协助、保密等义务。第三，合同终止后，当事人还应当履行通知、协助、保密等附随义务。第四，当事人就合同条款发生争议时，要依据诚实信用原则对合同内容进行解释，要兼顾双方当事人的利益，公平合理地确定合同的内容。合同发生争议的，当事人应当依据诚实信用原则妥善处理纠纷，避免给对方造成不应有的损害。

3. 公平原则

公平原则是指以利益均衡作为价值判断标准来确定当事人的合同权利和义务，调整合同主体之间的商品交换关系，追求公正与合理的目标。公平原则和合同自由原则是相辅相成的两个原则。在合同自由原则中，难以把当事人的利益、社会利益和他人利益都包含进去。而公平原则恰好反映的是人与人之间的理想关系。合同公平，要求合同当事人之间、合同当事人与社会之间、合同当事人与他人之间建立理想的关系，因而，需要将公平原则作为合同法的原则，来调整这样的关系。

合同主体的法律地位平等，就在合同的形式上实现了合同公平。合同平等和公平，是合同自由的基础，不这样做，合同自由就没有了保障。法律地位的平等，可以使当事人在权利义务的分配上，进行平等的协商，实现利益的相对平衡。当事人在平等的基础上，可以根据自己的具体情况和对利益的追求，自主地决定合同的订立和权利义务的确定、选择，实现实质的公平。

合同各方当事人的权利、义务必须对等。任何一方当事人既享有权利，又要承担相应的义务，在取得利益的时候，要付出相应的代价。在相互独立的主体之间，不得进行不等价交换，应当提倡和保障公平交易。对于显失公平的合同，当事人一方有权要求法院或者仲裁机构予以撤销。

《民法总则》第6条规定：民事主体从事民事活动，应当遵循公平原则，合理确定各方的权利和义务。

公平原则具体体现在：第一，当事人在确定合同关系时，要考虑到各方利益的平衡，避免出现自始显失公平的合同。当合同欠缺某些条款时，可依公平原则补缺。当合同条款不明确，产生异议时，可依照公平原则确定其含义。第二，合同依法成立后，对各方当事人产生平等的约束力，任何一方当事人不得享有特权。如果出现不可预见的情况，造成履行合同的后果显失公平，则可以变更或解除合同，防止不公平的后果。第三，对风险的承担要合理。当风险出现，造成财产损失，而法律对损失的承担没有规定，当事人对损失的承担也没有约定时，应按公平原则要求当事人合理地承担或分担损失。第四，当合同发生纠纷后，当事人平等地受到法律的保护。第五，合同的任何一方都没有处罚或者惩罚对方当事人的权利，自力救济只限于对违法后果的救济，不得利用合同对他方当事人进行惩罚或者制裁。

合同法的原则具有强制性，当事人必须遵守。合同是当事人意思表示一致的结果，对某些具体的合同规范，当事人可以按"约定大于法定"的规则排除适用。而对合同法的原则不得排除适用，排除适用原则的约定，不能发生效力，当事人还要承担相应的责任。买卖合同法的原则具有弥补作用。在缺少具体合同法规范指导的情况下，当事人可依合同法的原则确定相互之间的权利和义务。在合同内容不明确、含混或欠缺某些条款的情况下，可依照合同法的原则予以补正、解释。在发生争议时，如无具体规范可以依据，法院、仲裁机关可依合同法的原则进行处理。

二、无效买卖合同

（一）无效买卖合同之特点

无效买卖合同，是指合同虽已成立，但因欠缺法律规定的有效要件，不能发生履行效力的买卖合同。无效买卖合同具有以下几个特点：

第一，无效买卖合同是不能产生当事人预期的法律效果的合同，是当事人的合意不为法律所承认，没有任何约束力的合同。

第二，无效买卖合同是自始无效的合同，合同从订立时起，就没有法律约束力。因其自始无效，所以具有不得履行性。没有履行的，不得履行；正在履行的，应当停止履行；已经履行的，应视具体情况决定。一般来说，买卖标的物和价金能够相互返还的，应相互返还，使当事人双方的财产恢复到合同订立时的状况。但当一方当事人依据无效买卖合同取得的财产又转让给第三人，而第三人根据善意取得制度获取该项财产时，则发生财产转移的效果，责任由对合同无效负责任的一方当事人承担。

第三，无效买卖合同欠缺法律有效要件，即因当事人的一方或双方违反了法定义务所致。这种法定义务是先合同义务。违反先合同义务构成缔约过失责任。与此相对应，违反有效的合同，是违反当事人双方在合同中自行约定的义务，构成违约责任。

第四，无效买卖合同是绝对无效的合同，即是当然无效，不附条件的无效，不论当事人对该合同是否发生争议，是否主张无效，也不管人民法院或仲裁机构是否已确定其无效，都当然不发生法律效力。但有些无效买卖合同，当事人之间无争议，未提交到法院或仲裁机关，而法院或仲裁机关又不能主动审理案件的，如果该合同只涉及当事人之间的利益，法律可以保持沉默，而由行政机关等有关国家机关来处理。这说明这些机关也有确认合同无效的权力。

第五，无效买卖合同，只是不发生履行效力，但并不是不产生任何效力。无效合同仍然可在当事人之间产生债权债务关系，这种债权债务关系依据法律而直接产生，体现在无效买卖合同所引发的财产后果上，适用无效合同之相关法律规定，而不能适用违约责任的规定。

（二）无效买卖合同的范围

关于无效合同的范围问题我国法学界过去存在较大争议。《合同法》第52条规定，有下列情形之一的，合同无效：①一方以欺诈、胁迫的手段订立合同，损害国家利益；②恶意串通，损害国家、集体或者第三人利益；③以合法形式掩盖非法目的；④损害社会公共利益；⑤违反法律、行政法规的强制性规定。这其中第②、③、④项与原《民法通则》的相关规定基本相同，第①项则增加了"损害国家利益"的限定标准。

现行《民法总则》对无效法律行为的规定主要包括：①无民事行为能力的法律行为；②通谋虚伪的意思表示行为；③违反强

制性规定，违反公序良俗的行为；④恶意串通行为。

现行《民法总则》与《合同法》关于合同无效制度的对比分析：

1. 《民法总则》取消了以欺诈、胁迫的手段订立的损害国家利益合同的规定

对于备受争议的一方以欺诈、胁迫的手段订立的损害国家利益的合同已经被《民法总则》取消，将其列入可撤销合同的类别，这是一个重大的进步，也是与国际交易规则接轨，大陆法系国家大部分将此类合同作为可撤销合同。《法国民法典》第1117条规定：因错误、胁迫、欺诈而订立的契约并非当然无效，仅产生请求宣告契约无效或取消契约的诉权。《德国民法典》第123条第1款规定：因被欺诈或者被不法胁迫而作出意思表示的，表意人可以撤销该意思表示。《日本民法典》第96条规定：因欺诈或胁迫而进行的意思表示可以撤销。

《民法总则》规定的意义在于将过去国家利益和其他主体的利益同等对待，充分体现了民法的平等原则。欺诈和胁迫，属于不真实的意思表示，将因欺诈、胁迫而订立的合同当作可撤销合同，充分尊重和保护当事人的意志和利益，也给司法机关的工作带来便利，有利于诉讼程序的开展，更是同国际交易规则接轨。

《合同法》的重要目标在于尽可能地促成交易，使买卖达成，而不是消灭交易。只有交易成功，才能促进社会财富的增长和经济的发展。而过多地宣告合同无效，不符合鼓励交易的规则。如果将欺诈、胁迫的合同作为可撤销的合同，意味着受害一方可以主张撤销。如果不在规定的时间内撤销，合同继续有效，并不会导致合同的消灭，对稳定合同关系和交易秩序十分有利。

2. 《民法总则》调整了恶意串通法律行为（合同）制度

《合同法》第52条第2项规定，"恶意串通，损害国家、集

体或者第三人利益的"合同无效。《民法总则》第 154 条则规定，行为人与相对人恶意串通，损害他人合法权益的民事法律行为无效。"之所以有此变化，应该是考虑到行为人与相对人恶意串通，"损害国家、集体"利益的情形，可直接适用《民法总则》第 143 条"不违背公序良俗"以及第 153 条第 2 款"违背公序良俗的民事法律行为无效"之规定。

3. 《民法总则》废除了以合法形式掩盖非法目的的行为类型

《合同法》第 52 条第 3 项规定，"以合法形式掩盖非法目的"的合同无效。《民法总则》则删除这一规定。一个基本的考虑是，在确立了虚伪表示制度的情况下，该制度并无存在的实益。

4. 《民法总则》明确建立虚伪表示制度

所谓虚伪表示，是指行为人与相对人通谋而为虚假的意思表示。《合同法》并未规定这一制度，而《民法总则》第 146 条规定，行为人与相对人以虚假的意思表示实施的民事法律行为无效。以虚假的意思表示隐藏的民事法律行为的效力，依照有关法律规定处理。在大陆法系国家或地区的民事立法或理论上，该制度属于有意识的意思与表示不一致的行为类型。《民法总则》确立该制度，使得对意思表示瑕疵的规制更为详尽。

5. 《民法总则》调整了无效民事法律行为（合同）的类型

《合同法》第 52 条规定了数种无效合同的类型，不过，没有规定无行为能力人订立的合同的效力，也没有规定当事人通谋虚伪订立的合同的效力，由此存在着比较明显的法律漏洞。相较于《合同法》，《民法总则》明确规定无行为能力人所为的法律行为无效，以及当事人通谋虚伪的民事法律行为无效，填补了合同法的漏洞。在继续规定违反强制性规定的民事法律行为无效之外，增设了"但书"条款，即"但是该强制性规定不导致该民事法律行为无效的除外"。在民法理论上，这一但书条款被认为具有"转介功能"，即授权民事法官根据被违反的强制性规范的规范目的来判断是否一定要将违反该强制性规范的民事法律行为确认为无效，这不仅有助于实践该规范的规范目的，而且也有助于维护私人自治的价值，减少民事法律行为被确认为无效的概率。此外，《民法总则》继续规定违反公共利益（公序良俗）的民事法律行为无效，但不再使用"公共利益"的表述，而使用"公序良俗"的表述，增强了概念表述的科学性。

（三）无效买卖合同的认定

《民法总则》规定了四种无效行为：第153条规定违反法律、行政法规的强制性规定的民事法律行为无效，但是该强制性规定不导致该民事法律行为无效的除外。违背公序良俗的民事法律行为无效。第154条规定行为人与相对人恶意串通，损害他人合法权益的民事法律行为无效。第144条规定无民事行为能力人实施的民事法律行为无效。第146条规定行为人与相对人以虚假的意思表示实施的民事法律行为无效。依《民法总则》的规定，无效的买卖合同主要有：

1. 违反法律、行政法规的强制性规定的买卖合同无效，违背公序良俗的买卖合同无效

对违反法律、行政法规的强制性规定的理解需要注意：违反法律、行政法规的强制性规定，首先指的是违反了全国人大及常委会制定的法律和国务院制定的行政法规才直接导致无效［《最高人民法院关于适用〈合同法〉若干问题的解释（一）》（以下简称《合同法解释（一）》）第4条］，违反法律法规的强制性规定是指效力性强制性规定（《合同法解释（二）》第14条）。《民法总则》第153条第1款规定："违反法律、行政法规的强制性规

定的民事法律行为无效，但是该强制性规定不导致该民事法律行为无效的除外。"但书所谓"不导致民事法律行为无效的"强制规定，是指民法理论中所谓的"命令性规定"，亦即最高人民法院司法解释所说的"非效力性规定"。对于效力性强制规定理解需要注意以下三点：

首先，效力性强制规定所规范的是法律行为，例如《民法总则》第 144 条规范无行为能力人实施的法律行为，第 146 条规范虚伪表示的法律行为，153 条第 2 款规范违背公序良俗的法律行为，第 154 条规范恶意串通的法律行为。《合同法》第 52 条规范各种目的和内容违法的合同，第 53 条规范合同中的免责条款，第 40 条规范免除自己一方责任、排除对方主要权利的格式合同。而命令性规定则规范管理行为等，如公司应依法年检，不能依未按法律规定进行年检就认定合同无效。

其次，效力性强制规定所强调的利益是社会公共利益，即违反公共利益的通常对法益的损害更大，此种交易应确定无效。例如甲乙交易报废车辆会损害公共利益，因而应认定无效。又如甲出卖租赁房屋给乙，违反《合同法》第 230 条的规定，损害承租人丙的优先购买权利，但不能依此认定买卖合同无效。《最高人民法院关于审理城镇房屋租凭纠纷若干问题的解释》（以下简称《城镇房屋租凭合同解释》）第 21 条明确规定：出租人出卖租赁房屋未在合理期限内通知承租人或者存在其他侵害承租人优先购买权情形，承租人请求出租人承担赔偿责任的，人民法院应予支持。但请求确认出租人与第三人签订的房屋买卖合同无效的，人民法院不予支持。

最后，效力性强制规定所规定的法律效果，或直接规定该行为无效，或明文"禁止"该行为，其法律语言表述为"无效""禁止"或"不得"。例如《民法总则》第 144 条规定无行为能力人实施的法律行为无效，第 146 条规定虚伪表示行为无效，第

154 条规定恶意串通行为无效，第 197 条规定变更诉讼时效的约定无效、事先放弃时效利益的行为无效。《合同法》第 52 条规定违法合同无效，第 53 条规定免除人身伤害责任的免责条款无效，第 40 条规定免除自己责任、排除对方主要权利的格式合同无效，第 329 条规定非法垄断技术的合同无效。《担保法》第 29 条规定，企业法人的分支机构未经法人书面授权与债权人订立保证合同，该合同无效。《合同法》第 214 条规定租赁期限不超过 20 年，超过 20 年的超过部分无效。《民法总则》第 111 条规定禁止非法收集、买卖他人个人信息，第 168 条禁止自己代理、禁止双方代理。《合同法》第 172 条第 3 款对建设工程"禁止分包"给没有资质的单位及"禁止再分包"。《土地管理法》第 2 条规定任何单位和个人不得买卖土地。《人民币管理条例》第 13 条规定未经中国人民银行批准，任何单位和个人不得销售、购买印制人民币的防伪材料、防伪技术、防伪工艺和专用设备。《招投标法》第 4 条规定任何单位和个人不得将依法必须进行招标的项目化整为零或者以其他任何方式规避招标。

注意，民法上的"禁止"和"不得"，是禁止性法律规定的标志性用语。凡是法律条文采用了"禁止"或者"不得"，表明法律禁止该法律行为发生效力。违反这些规定都会导致买卖合同无效。

违背公序良俗的买卖合同无效，违背公序良俗包括违反公共秩序和善良风俗。公共秩序是指一国之内除法律秩序以外，涉及政治、经济、贸易、金融、税收、市场、治安、文化、教育、外交、国防等领域的秩序。善良风俗指民族文化、历史传统、道德伦理、民风民俗、乡规民约中，体现了全体公众的整体利益的风俗习惯。例如甲和乙买卖洋垃圾，甲和乙为了贿选的买卖约定，都是违背公序良俗的，因而无效。

一些买卖合同存在着部分有效，部分无效的情况，例如《合同法》第214条规定租赁期限不超过20年，超过20年的超过部分无效。这里仅超过20年的部分无效，未超过20年的部分是有效的，如果认定买卖合同中某些条款无效，该部分条款与其他条款相比较，是相对独立的，则该部分与合同整体具有可分性。如果合同条款与整个合同具有不可分性，或者当事人约定某项合同条款为合同成立生效的必要条款，那么否认这个条款的效力，无疑等同于否认整个合同的效力，在这种情况下，不能确认部分无效时，又保持其余部分的效力。

2. 以虚假的意思表示实施的买卖合同无效

以虚假的意思表示实施的买卖合同又叫虚伪表示，指当事人与相对人双方所作虚假的意思表示，亦称假装行为。《民法总则》第146条贯彻了意思自治原则，将欠缺效果意思的通谋虚假表示行为规定为无效。

虚伪表示的特征是：第一，虚伪表示具有合同的外形。第二，双方当事人明知该合同是虚假的，无意使该合同发生效力，意即双方存在通谋，例如以逃避债务为目的的虚假财产交易，双方当事人都不希望发生买卖交易的效力。

虚伪表示，分为单独虚伪表示和通谋虚伪表示两种。其中单独虚伪表示又被称作"真意保留"，是指表意人在与相对人无通谋的情况下，故意作与内心真实意思不一致的表示。如实务中的借名买房行为，名义买受人不仅以自己的名义签署购房合同，而且以自己的名义签署按揭贷款协议，办理产权登记，但其内心并没有购房和按揭贷款的真实意思，也不愿履行购房合同和按揭贷款协议的义务，应承担相关合同责任。名义买受人的行为就属于典型的真意保留（单独虚伪表示）。

《民法总则》第146条第1款规定：行为人与相对人以虚假的意思表示实施的民事法律行为无效。该条规定的是通谋虚伪表示行为。通谋，是指表意人与相对人有意思联络，即相对人对表意人虚假的意思表示不仅知情，而且还表示同意，法律认定这种双方一致认可表示于外的行为（虚假行为）不发生效力。如债务人为逃避债务而选择股权代持，与受让人（通常是债务人亲友）合谋签订的股权转让合同。又如为逃避债务，夫妻双方假意离婚签订的财产分割协议。

《民法总则》第 146 条第 2 款规定的"隐藏行为"，是指以虚伪表示来掩盖真实表示的法律行为，它的特点是隐藏行为是当事人追求的真意，隐藏行为是与虚伪表示联系在一起的，无虚伪表示也就无所谓隐藏行为，有隐藏行为也就必定有虚伪表示。例如甲与房地产开发商乙签订一份商品房买卖合同，乙提出，为少交契税，建议将部分购房款算作装修费用，甲未表示反对，后发生纠纷，此处装修条款就属于阳条款，逃税条款就属于阴条款，此合同也即阴阳合同。

但有虚伪表示，却不一定有隐藏行为，例如为逃避债务、规避法院执行而订立虚假赠与合同、虚假买卖合同、虚假抵押合同，属于虚伪表示，但没有隐藏行为。

以虚假的意思表示隐藏的民事法律行为的效力，依据有关法律法规处理，隐藏行为是否有效，取决于该隐藏行为本身是否符合该行为的生效要件。例如伪装赠与而实为买卖，赠与行为属于虚伪表示应当无效，所隐藏的买卖行为是否有效，应依有关买卖合同的规定判断。如隐藏行为符合法律关于买卖合同生效要件的规定，则应有效，否则即应无效。

3. 行为人与相对人恶意串通，损害他人合法权益的买卖合同无效

恶意串通又称作恶意通谋行为，是指在买卖活动中，双方以损害他人利益为目的，弄虚作假的违法行为。例如串通掩盖事实真相，在应价过程中串通一气，有意压价，损害委托人的利益。

恶意串通行为的构成要件包括：第一，行为人与相对人恶意

串通，当事人双方是出于故意，这种故意的本质在于通过损害他人的利益来获取自己的非法利益。第二，行为人与相对人实施的行为须损害他人合法权益，恶意串通的合同目的是牟取非法利益，这种非法利益可以有不同的表现形式。例如在招投标过程中，投标人之间串通，压低标价；在买卖中，双方抬高货物的价格以获取贿赂等。

4. 无行为能力人签订的买卖合同无效

无行为能力人无缔约能力，是基于交易安全考虑，其交易应由法定代理人代理为之。

三、可撤销的买卖合同

（一）可撤销买卖合同的特点

可撤销的买卖合同是指基于法定原因，当事人有权诉请法院或仲裁机关予以撤销的合同，可撤销合同具有以下特点：

第一，可撤销合同是已经成立生效的合同。可撤销合同自成立时已经生效，经撤销后，才溯及合同成立时失去效力。可撤销合同在被撤销以前，其效力状态与有效合同相同，合同的当事人需依约履行合同义务，不得以可撤销因素存在为由拒绝履行合同义务。

第二，可撤销合同是意思表示有瑕疵的合同。合同是双方法律行为，意思表示为法律行为最基本的构成要素，双方当事人在意思表示一致的基础上，意思表示真实，合同才能有效。可撤销合同的主要特点是意思表示有瑕疵，即意思表示不真实，法律为了维护合同当事人意思表示的真实，使合同发生法律效力，将因意思表示不真实而成立的合同确定为可撤销合同，赋予受损害一方可以撤销合同的权利，受损害一方通过撤销权的行使使合同归于无效。

可撤销的合同与无效的合同，虽然都引起该合同全部无效或部分无效的法律后果，但二者存在以下区别：

首先，无效的条件不同。无效合同的无效是不附条件的无效，不论当事人对该合同是否发生争议，是否主张无效，也不管人民法院或仲裁机构是否已确定其无效，都当然不发生法律效力，因此被称为绝对无效。而可撤销的合同的无效是有条件的无效，它以享有申请撤销权的当事人提出撤销要求，并经人民法院或仲裁机关许可撤销为前提条件。一个合同虽然属于可撤销的合同，但享有撤销请求权的当事人并未请求撤销，或者当事人虽然提出了撤销的请求，但还没有得到人民法院或者仲裁机关的撤销许可，该合同仍然继续有效，并不因为其具备了可撤销的条件而当然地无效，因此被称为相对无效。

其次，无效的时间不同。无效合同从行为开始时起就不发生法律效力，对当事人没有约束力。可撤销的合同在被撤销前已经发生了法律效力，对当事人有了约束力，只有在被撤销后其无效才具有追溯力，可以追溯到买卖合同成立时起无效。

再次，主张无效的人不同。对于无效合同，双方当事人或者与该合同有利害关系的人都可以主张无效，人民法院或者仲裁机关也可以在案件审理过程中主动确认其无效。而可撤销的合同只有享有撤销请求权的当事人才可以主张无效，人民法院和仲裁机关不能在没有撤销权人请求的情况下主动作出这种裁决。

我国《合同法》第 54 条规定，下列合同，当事人一方有权请求人民法院或者仲裁机构变更或者撤销：①因重大误解订立的。②在订立合同时显失公平的。一方以欺诈、胁迫的手段或者乘人之危，使对方在违背真实意思的情况下订立的合同，受损害方有权请求人民法院或者仲裁机构变更或者撤销。

我国《民法总则》对可撤销行为的规定为：第 147 条规定重

大误解实施的行为可撤销。第 148 条规定一方以欺诈手段，使对方在违背真实意思的情况下实施的行为可撤销。第 149 条规定第三人实施欺诈行为，使一方在违背真实意思的情况下实施的民事法律行为，对方知道或者应当知道该欺诈行为的，受欺诈方有权请求人民法院或者仲裁机构予以撤销。第 150 条规定一方或者第三人以胁迫手段，使对方在违背真实意思的情况下实施的行为可撤销。第 151 条规定一方利用对方处于危困状态、缺乏判断能力等情形，致使民事法律行为成立时显失公平的，受损害方有权请求人民法院或者仲裁机构予以撤销。

根据《民法总则》和《合同法》的规定，可撤销的买卖合同主要包括重大误解的合同、显失公平的合同、因欺诈成立的合同、因胁迫订立的合同。《民法总则》取消了变更权的规定，对可撤销行为只能行使撤销权，这一点与《合同法》的规定不同。

（二）因重大误解而订立的买卖合同可撤销

重大误解是指当事人因对买卖合同内容产生误解，致使其行为结果与自己的意思相悖，并造成较大的损失的合同。重大误解的构成要件有三：第一，表意人对合同的要素内容发生重大误解（例如对行为的性质、对方当事人、标的物的品种、质量、规格和数量等的错误认识均为重大误解）；第二，因为误解，致使表意人表示的意思与内心真意不一致；第三，表意人因误解遭受较大损失。

重大误解，在大陆法系和英美法系中称为"错误"，误解作为影响合同效力的原因，是法律保护误解者的表现。然而，在合同订立的过程中，当事人可能会发生各种各样的误解。如果一旦存在误解就否认合同的效力，则有违于合同法维护交易安全和公正的要求，所以，法律规定只有构成重大误解时才会影响合同效力，当事人才有申请撤销合同的权利。一般认为，重大误解是指误解者作出意思表示时，对涉及合同法律效果的重要事项存在认识上的显著缺陷，其后果是使误解者的利益受到较大损失，或者根本达不到误解者订立合同的目的。

按照我国《合同法》第 54 条的规定，重大误解是合同撤销权产生的原因。然而当误解方主观上对此有过错时，是否仍享有撤销权呢？就重大误解本身的含义而言，显然将误解方的故意排除在外，即表意人如果是出于故意的，则根本不构成误解，反而可能构成欺诈；但表意人有过失时，当然可以构成重大误解，此时表意人是否仍享有撤销权呢？我国《合同法》第 54 条对此未作限制。

在英美法系国家中，如英国法规定，当事人基于不应有的误解而作出的许诺应视为具有法律效力。所谓不应有的误解是指该当事人完全是由于其自己的原因发生的误解，而这种误解通常不影响合同的效力，但是，如果一方当事人产生误解，而对方当事人又确知其发生了误解，则不构成当事人应有的误解，误解方可以主张合同无效。在美国，法官常常引用"自知无知"来处理此类情形，即误解方因过分的疏忽，而产生的错误将使其丧失请求解除合同义务的权利。《国际商事合同通则》第 3.5 条规定，在下列情况下，一方当事人丧失撤销权：该当事人由于重大疏忽而犯此错误；或者错误与某事实相关联，而对于该事实发生错误的风险已被设想到，或者考虑到相关情况，该错误的风险应当由错误方承担。

大陆法系国家或地区对此问题主要有以下三种立法例：一是误解方有过失的，对其撤销权没有影响。如《德国民法典》第 119 条第 1 款规定：表意人所作意思表示的内容有错误，或者表意人根本无意作出此种内容的意思表示，如果可以认为，表意人若知悉情事并合理地考虑其情况后即不会作出此项意思表示时，表意人可以撤销该意思表示。二是误解方有重大过失的，不享有撤销权。如《日本民法典》第 95 条规定：意思表示于法律行为的要素有错误时为无效，但是，表意人有重大过失时，不得自己主张其无效。三是误解方有过失的，则丧失撤销权。如我国台湾地区"民法典"第 88 条第 1 款规定：意思表示之内容有错误，或表意人若知其事情即不为意思表示者，表意人得将其意思表示撤销之。但以其错误或不知事情，非由表意人自己之过失者为限。《法国民法典》对此未作出明确规定，然而判例与学说均认为，误解方的误解是由于过分的轻率或疏忽所引起时，当事人即具有不可原谅的过错，无权主张合同无效。

在上述大陆法系国家或地区的三种立法例中，第二种规定较为合情合理。各国和各地区的法律一般都要求当事人在实施民事行为时持谨慎和注意的义务。这一要求也应该在上述的撤销权中有所体现。当事人对这一要求遵守与否，可以从当事人实施民事行为时的主观状态体现出来。从情理上看，当事人的一般过失通常体现其对这一要求的轻微违反，当事人的重大过失则体现着其对这一要求的严重违反。当事人轻微违反时，应当使其通过实施撤销行为，从而摆脱错误民事行为的约束，但严重违反情形下也赋予其撤销权的话，则当事人可将该行为撤销从而逃避承担由该行为的履行所带来的不利后果，这也不尽公平合理，所以第一种规定是有缺陷的。第三种规定以无过失作为当事人享有撤销权的要件，也不合理，因为在现实生活中，重大误解大多都是因为当事人有一定的过失造成的，若以过失为前提限制其撤销权，则当事人对这一权利的行使在事实上变得不可能，致使这一权利对当事人而言在事实上成为一项无实际意义的虚拟权利，使得遭受损失的重大误解方可能无法获得救济，最终也有违于可撤销民事行为的立法目的。

我国《民法总则》改变了《合同法》对撤销时间的规定，对重大误解的当事人自知道或者应当知道撤销事由之日起三个月内行使撤销权，未行使的撤销权消灭。

（三）显失公平的买卖合同可撤销

1. 显失公平的概念和构成要件

显失公平是指一方利用对方处于危困状态、缺乏判断能力等情形时与之签订合同，致使合同成立时显失公平，受损害方有权请求人民法院或者仲裁机构予以撤销。而乘人之危是指一方当事人乘对方处于危难之机，为牟取不正当利益，迫使对方作出不真实的意思表示，严重损害对方的利益。

《民法总则》制定时，总结了裁判实践的经验，注意到乘人之危的构成要件过严，而显失公平的构成要件过宽；主张乘人之危很难获得法院支持，而主张显失公平容易获得法院支持。并且，绝大多数当事人均选择主张显失公平，而不选择乘人之危。有鉴于此，《民法总则》遂将乘人之危与显失公平合并为一个条文，仍称"显失公平"。不仅兼顾了意思自治原则和等价有偿原则，也为法官判定显失公平提供了更明晰的指引和依据，并且以整合效力规则的方式解决了原来《民法通则》和《合同法》两个制度双轨并行所引起的矛盾。《民法总则》第 151 条通过吸收过去乘人之危的概念和界定范围，从主、客观要素两个方面完整地构建了显失公平的构成要件。

显失公平的合同可以从客观要件和主观要件两个方面进行界定。第一，显失公平合同的客观要件是双方买卖合同当事人给付显失均衡，通常表现为在订立时对双方明显不公平，一方获得的利益超过了法律所允许的限度，合同双方的权利义务明显不对等。第二，显失公平合同的主观要件是一方利用对方危困状态、缺乏判断能力等情形，包括窘迫、轻率、无经验等不利情势。

2. 各国对于显失公平买卖的规定

《法国民法典》因受罗马法的影响，其第 1674 条规定：如出卖人之前因买卖显失公平，价格过低，因此受到的损失超过不动产价款的 7/12 时，有取消该不动产买卖的请求权，即使其在合同中明文表示抛弃此项请求权以及公开声明其赠与超过部分的价值，亦同。修正以后的《法国民法典》扩大了显失公平的适用范围，但它始终认为显失公平是一个客观标准，而作为撤销合同的理由，不论当事人订立合同时是否有特殊的处境，只要价格太不公道，就可撤销合同。

《德国民法典》则基于诚信原则及维护交易安全的需要，改变了《法国民法典》的做法，第 138 条规定："特别是当法律行为系乘另一方穷困、没有经验、缺乏判断能力或者精神衰弱，使其为自己或者第三人的给付作出有财产上的利益的约定或者担保，而此种财产上的利益与给付显然不相称时，该法律行为无效。"这也就是说，显失公平不再是一种纯粹的客观标准。它使乘人之危与显失公平共同构成一种行为，乘人之危是前提，显失公平为后果。如果某一行为仅有乘人之危的前提，而无显失公平的后果，则这种行为只构成胁迫的民事行为。如果仅有显失公平之结果，但并非乘人之危所导致时，如违反法律的强制性或禁止性规定的，应认定其行为无效；否则仍应适用暴利行为的规定。《德国民法典》的此种立法例后来被大陆法系国家或地区民法继受。

在英美法系国家，依其普通法，合同约定不必是相等的，只要存在即可，合同的内容对一方极不公平并不能使自己订立的合同丧失强制执行力。然而依其衡平法，如果一个合同的内容是显失公平的，以至"触动了法官的良知"时，该合同就不能依衡平法得到强制执行。当然，法官在审理时除了考虑显失公平的内容外，还要考虑当事人订立合同时的商业背景和目的。《国际商事合同通则》第 3.10 条也规定："如果在订立合同时，合同或其个别条款不合理地对另一方当事人过分有利，则一方当事人可宣告该合同或该个别条款无效。除其他因素外，尚应考虑到下列各项：(a) 该另一方当事人不公平地利用了对方当事人的依赖、经济困境或紧急需要，或者不公平地利用了对方当事人的缺乏远见、无知、无经验或缺乏谈判技巧的事实，以及（b）合同的性质和目的。"

3. 我国《民法总则》将显失公平与乘人之危进行合并的理由

我国《民法通则》与《合同法》曾将显失公平与乘人之危并列，其理由主要是：第一，乘人之危行为有时产生显失公平的后果，有时则不是。第二，显失公平之所以可撤销，原因在于行为的内容不适当。乘人之危可撤销原因在于相对人采取违法手段而造成表意人的意思表示不真实。

对此反对将显失公平与乘人之危并列的学者认为：第一，显失公平是个相对的概念，是一种特定的权利义务分配关系，对这个人来说可能是显失公平，而对另外一个人来说可能不是显失公平。从这个意义上说，只有把造成显失公平的原因考虑进去，法律才能准确地评价。第二，不考察引起显失公平的原因，只考虑由于欺诈、乘人之危、重大误解等可能引起显失公平的后果，就很难使显失公平与其他的行为相区别；此外，如果仅仅考虑结果是否公平，不利于交易秩序的稳定。因为在市场交易活动中，任何当事人从事某种交易活动，都应当承担交易风险，法律绝不可能也不应当保证每个交易当事人都获利益，否则就不可能有交易。如果某人在实施一项不成功的交易以后，便以结果对其不利、显失公平为由要求撤销已订立甚至已经履行的合同，不仅会使交易的另一方为交易不成功的一方承担交易风险，而且必然导致经济秩序的紊乱；如果仅仅考虑结果是否公平，必然会不适当地扩大显失公平的适用范围，甚至使这一制度被滥用，使许多有效的合同难以得到执行。且如果不考虑引起结果不平衡的原因以及利益不平衡的程度，将会导致大量的合同都按显失公平处理。这不仅使许多不应当被撤销的合同被撤销，根本违背显失公平制度所设立的目的，而且破坏了"合同必须严守"的规则，妨碍了交易秩序和安全。

综上，反对并列的理由更为充分合理，它不仅符合国际上通行的做法，而且也符合我国实践中的做法。它正确处理了显失公平制度与合同自由原则之间的矛盾，实现了公平与程序的和谐统一。显失公平的合同被撤销时，必须考虑显失公平的产生原因，即显失公平是乘他人的急迫、轻率或无经验的结果。此处的"急迫"不限于经济上的窘迫，还包括丧失生命、健康、名誉等的危险，显然，乘人之危也包含其中。

《民法总则》第151条并未完全废除"乘人之危"，而是将其与"显失公平"进行了合并，创设了一项认定法律行为相对无效的规范。事实上，我国实证法上的乘人之危和显失公平，原本就是将德国法上"暴利行为"一拆为二的结果。从历史上看，德国民法吸收了古罗马法关于"非常损失规则"的有益成分，制定了"暴利行为"这一制度，《德国民法典》第138条第2款规定："特别是一方恶意利用对方之困境、无经验、缺乏判断能力或明显的意志薄弱，使其对自己或第三人为一项给付允诺提供或实际给予财产利益，而该财产利益与给付显然不相称者，法律行为无效。"《德国民法》将乘人之危作为前提，而将显失公平作为结果，共同构成一种行为。

《民法总则》采纳了保留显失公平说。按照该学说，当显失公平是由乘人之危引起时，应按乘人之危的规定予以救济；如果乘人之危没有引起合同权利义务显失公平，法律救济就是多余的。如前文所引述，《合同法》与《民法总则》不一致的，适用《民法总则》的规定，因此，虽然现行《合同法》仍将"乘人之危"单独列为相对无效事由，但是在《民法总则》施行后，应当以《民法总则》采纳的保留显失公平说为准，即此后《合同法》中的"乘人之危"必须引起显失公平的结果才能构成相对无效事由。

（四）因欺诈订立的买卖合同可撤销

因欺诈订立的买卖合同是指一方当事人或第三人故意实施某种欺诈行为，使他人陷入错误而订立合同。欺诈行为的构成要件有二：第一，欺诈方故意实施欺诈行为，欺诈方可以是一方当事人，也可以是第三人，主观为故意，如果因为一方过失致买卖合同有瑕疵，不构成欺诈，由过失方承担瑕疵责任即可。第二，被欺诈的一方因欺诈而陷入错误并进行了交易，即交易违背真意，交易的成立与欺诈行为有因果关系。

我国《民法总则》第148条规定："一方以欺诈手段，使对方在违背真实意思的情况下实施的民事法律行为，受欺诈方有权请求人民法院或者仲裁机构予以撤销。第149条规定：第三人实施欺诈行为，使一方在违背真实意思的情况下实施的民事法律行为，对方知道或者应当知道该欺诈行为的，受欺诈方有权请求人民法院或者仲裁机构予以撤销。

与原《民法通则》和《合同法》不同，我国《民法总则》规定了第三人的欺诈，很好地弥补了《合同法》规定的不足。

对于第三人实施的欺诈行为对合同效力的影响，大陆法系各国或地区的立法对此规定并不完全一致。如《法国民法典》对此没有明确规定，法国最高法院判例确定的一项原则是：欺诈行为系第三人所为，则当事人仅有权要求第三人赔偿损失。法国学者还指出：上述条件可在罗马法中找到渊源，因为第三人所实施的欺诈行为，对受欺诈人的意志能产生完全相同的决定性影响，从而造成瑕疵。然而从道德的角度来看则一目了然：合同无效被视为对过错所造成损害的一种补偿。如果相对当事人是无辜的，则不应当受到这种制裁。也就是说，欺诈人为第三人时，如合同相对人为善意，受欺诈一方不得请求撤销该合同，但有权要求欺诈人赔偿损失。《德国民法典》第 123 条第 2 款规定：欺诈系由第三人所为的，对于另一方所作的意思表示，只有当另一方明知或者可知欺诈事实时，始得撤销。我国台湾地区"民法典"第 92 条规定：因被欺诈或被胁迫而为意思表示者，表意人得撤销其意思表示。但诈欺系由第三人所为者，以相对人明知其事实或可得而知者为限，始得撤销之。《日本民法典》在继受《德国民法典》的立法例时作了一些修订，其第 96 条第 2 款规定，相对人有明知其事实者始得撤销。而《意大利民法典》第 1439 条第 2 款规定："当欺诈是第三人所为时，如果涉及缔约人的利益，则契约被撤销。"

总之，各国或地区立法在规定由于第三人欺诈而订立合同的效力时，大多会考虑相对人的状况，即对于第三人欺诈，相对人主观上是善意、恶意或事实上明知、不知等。如果只要存在第三人的欺诈，不考查相对人的情况就允许撤销合同，则有损于相对人的利益，也不利于交易安全。所以从合同的相对性原则以及平等保护各方当事人的合法权益的角度出发，我们可以借鉴法国针对这一问题的观点和德国的相关立法例，即相对人对第三人欺诈的事实知道或者应当知道的，被欺诈方享有合同撤销权；反之，相对人对此善意且无过失的，被欺诈方则不享有此权利。

（五）因胁迫而订立的买卖合同可撤销

因胁迫而订立的买卖合同是指以将来要发生的损害或以直接施加损害相威胁，使对方产生恐惧并因此而订立合同。《民法总则》第 150 条规定：一方或者第三人以胁迫手段，使对方在违背真实意思的情况下实施的民事法律行为，受胁迫方有权请求人民法院或者仲裁机构予以撤销。

胁迫的构成要件通常有三：第一，一方或者第三人故意实施胁迫行为，胁迫的主观要件是故意。第二，受胁迫方因恐惧作出不真实的意思表示（恐惧与不真实的意思表示具有因果关系）。第三，该交易对受胁迫方产生不利。

我国《合同法》第54条规定，一方以胁迫的手段使对方在违背真实意思的情况下订立合同的，是撤销权产生的原因。与此相关，《合同法》在第55条规定，具有撤销权的当事人自知道或者应当知道撤销事由之日起一年内没有行使撤销权的，是撤销权消灭的原因之一。相较《民法总则》，我国《合同法》对胁迫行为的规定有以下两点不足：

第一，《合同法》没有规定胁迫的行为由第三人实施时，是否也产生撤销权。同欺诈一样，第三人所实施的胁迫，对于受胁迫人的意志来说，也可能产生与合同当事人实施胁迫行为同样的影响，从而产生意思表示的瑕疵。正因为如此，罗马法就规定，胁迫来自第三人，亦是合同可撤销的原因。此种立法例后被大陆法系国家或地区继受。《法国民法典》第1111条规定，无论胁迫行为系合同当事人实施抑或第三人实施，其引起的法律后果相同。《德国民法典》第123条、《日本民法典》第96条以及前面引述的我国台湾地区"民法典"第92条均有类似规定，并认为这种规定是基于一种"第三人与合同相对方当事人之间存在共同故意"的推定（亦称"不可否认的推定"），以此避免合同相对方当事人利用第三人的胁迫行为而获得利益。

我国现行《民法总则》借鉴大陆法系国家或地区的做法，对于第三人胁迫订立的合同，赋予被胁迫方撤销权。

第二，《合同法》对因胁迫成立合同的撤销权的消灭规定不合理。撤销权的规定，体现了法律对受损方利益的保护，但为了防止财产关系一直处于不稳定的状态，法律又规定了撤销权消灭的原因，使撤销权不能永久存续。如上所述，《合同法》第55条规定的其原因之一为，具有撤销权的当事人自知道或者应当知道撤销事由之日起一年内没有行使撤销权的。然而，胁迫与欺诈或重大误解不同，受胁迫的人对于撤销事由从订立合同开始就知道，但胁迫可能是一个持续的状态，如果合同成立后，一方当事人受胁迫的状态持续一年，受胁迫人虽然在法律上有撤销的权利，但实际上难以行使撤销权，所以撤销权的除斥期间从当事人知道或应当知道之日起计算，对受胁迫人非常不公。《德国民法典》第 124 条明确规定，除斥期间"于胁迫情形，自胁迫终止之时起算"，我国台湾地区"民法典"第 93 条亦同。

我国《民法总则》认为胁迫比欺诈对法益的损害更大，所以对胁迫撤销权的期间起算规定更宽松，从当事人受胁迫，自胁迫行为终止之日起算，而不是从当事人自知道或者应当知道撤销事由之日起算。

关于欺诈、胁迫情形下法律行为效力的认定，《民法总则》在实质上与《合同法》达成了两轨一致，并且赋予了被欺诈、胁迫单方行为人选择让法律行为继续有效的权利，剔除了欺诈、胁迫情形下合同当事人与单方行为人权利不对等的矛盾。《民法总则》制定了更为完整的欺诈和胁迫制度，进一步加强了我国民法对当事人意思自决的保护。

（六）撤销权的行使

我国《民法总则》修正并精细化了撤销权的行使。就撤销权的除斥期间，《合同法》第 55 条仅笼统地规定，有撤销权的当事人应"自知道或者应当知道撤销事由之日起一年内"行使撤销权。而《民法总则》第 152 条规定，有下列情形之一的，撤销权消灭：①当事人自知道或者应当知道撤销事由之日起一年内、重大误解的当事人自知道或者应当知道撤销事由之日起三个月内没有行使撤销权；②当事人受胁迫，自胁迫行为终止之日起一年内没有行使撤销权；③当事人知道撤销事由后明确表示或者以自己的行为表明放弃撤销权。当事人自民事法律行为发生之日起五年内没有行使撤销权的，撤销权消灭。

由此可见，就撤销权的除斥期间，《民法总则》规定得甚为详细：其一，当事人应"自知道或者应当知道撤销事由之日起一年内"行使撤销权。其二，重大误解的当事人应"自知道或者应当知道撤销事由之日起三个月内"行使撤销权。其三，受胁迫的当事人应"自胁迫行为终止之日起一年内行使撤销权"。《民法总则》还规定了权利的最长保护期限：当事人自民事法律行为发生之日起五年内没有行使撤销权的，撤销权消灭。

第四章　买卖合同的实际违约和预期违约

一、买卖合同的实际违约

买卖合同履行期届至后，债务人无正当理由，未全面而适当履行合同义务的，为实际违约。一旦买卖合同履行期届至，债务人未履行债务或者履行债务不适当，无须经债权人催告，即构成违约，实际违约行为主要有以下几种类型。

（一）拒绝履行

拒绝履行，是指在合同期限到来以后，一方当事人无正当理由拒绝履行合同规定的全部义务。我国《合同法》第 107 条所提及的"一方不履行合同义务"就是指拒绝履行的行为。

拒绝履行的特点是：一方面，一方当事人明确表示拒绝履行合同规定的主要义务，如果仅仅是表示不履行部分义务则属于部分不履行的行为；另一方面，一方当事人拒绝履行合同义务无任何正当理由。在学理上，通常认为，一方严重违反合同义务使另一方订约目的不能实现，或者造成期待利益的重大损失，此种根本违约行为也等同于拒绝履行行为。

在一方拒绝履行的情况下，另一方有权要求其继续履行合同，也有权要求其承担违约金或赔偿损失责任。但另一方是否有权解除合同，《合同法》第94条似乎没有明确作出规定，而只是规定"当事人一方迟延履行债务或者有其他违约行为致使不能实现合同目的"可以解除合同。实际上，根据该条的精神，在一方拒绝履行以后，其行为已转化为迟延履行，另一方有权解除合同。尤其应当看到，无正当理由拒绝履行合同，已表明违约当事人完全不愿接受合同约束，实际上已剥夺了受害人根据合同所应得到的利益，从而使其丧失了订立合同的目的，因此，受害人没有必要证明违约是否已构成严重的损害后果便可以解除合同。

（二）迟延履行

1. 迟延履行的界定

迟延履行，是指买卖合同当事人的履行违反了履行期限的规定。履行迟延在广义上包括债务人的给付迟延和债权人的受领迟延，狭义上仅指债务人的给付迟延。我国《合同法》第96条规定的迟延履行采纳了广义的概念，因此凡是违反履行期限的履行都可以称为迟延履行。

迟延履行不同于拒绝履行。因为在迟延的情况下，违约当事人已经作出了履行并且愿意履行，而只是履行不符合期限的规定。而在拒绝履行的情况下，违约当事人不仅没有作出履行，而且明确表示不愿意履行合同义务，可见拒绝履行是一种公然的违约。当然，在迟延以后，违约当事人不愿继续履行也可转化为拒绝履行。

在迟延履行的情况下，关键是要确定合同中的履行期限。如果合同明确规定了履行期限，则应当依据合同的规定履行。如果合同没有规定履行期限，则应当依据《合同法》第61条的规定：双方当事人可以另行协议补充，如果协议补充不成的，应当根据合同的有关条款和交易习惯来确定。如果还无法确定的，债务人可以随时履行，债权人也可以随时要求履行，但应当给对方必要的准备时间。必要的准备时间也就是合理的履行期限。凡是违反履行期限规定的履行，无论是买方还是卖方，都构成履行迟延。

2. 迟延履行与根本性违约

在履行迟延的情况下，非违约方有权要求违约方支付迟延履行的违约金，如果违约金不足以弥补非违约方所遭受的损失，非违约方还有权要求赔偿损失。问题在于，非违约方是否有权解除合同？由于在许多情况下，迟延履行不一定会给非违约方造成重大损失或者使其订立合同的目的落空，因此，非违约方不必要解除合同。依据我国《合同法》第 94 条的规定，非违约方可以行使解除权的情况主要有：第一，"当事人一方迟延履行主要债务，经催告后在合理期限内仍未履行"，可以解除。第二，"当事人一方迟延履行债务或者有其他违约行为致使不能实现合同目的"，可以解除。只有在这两种迟延的情况下，非违约方才能解除合同。

也就是说迟延履行要构成根本违约才能解除合同，通常以下情况可以认为构成根本违约的迟延履行：第一，当事人在买卖合同中明确约定超过期限履行合同，债权人将不接受履行，而债务人履行迟延。第二，履行期限构成合同的必要因素，超过期限履行将严重影响订立合同所期望的经济利益。比如季节性、时效性较强的标的物，像中秋月饼，过了中秋节交付，就没有了销路。第三，继续履行不能得到买卖合同利益。

（三）瑕疵履行

1. 瑕疵履行

瑕疵履行是指卖方交付的标的物不符合合同规定的质量要求的履行行为，《合同法》第 111 条规定：质量不符合约定的，应当按照当事人的约定承担违约责任。对违约责任没有约定或者约定不明确，依照本法第 61 条的规定仍不能确定的，受损方根据标的的性质以及损失的大小，可以合理选择要求对方承担修理、更换、退货、减少价款或者报酬等违约责任。这一条规定了修理、更换，这在学说上被认为是强制履行的表现；债权人也可以要求债务人退货，这被认为是合同解除的一个表现；减少价款或者报酬，有的也叫减价请求权，这里也可以看成是对所受损失的补偿。在债务人可以为修理、更换、重作等措施消除瑕疵的前提下，债权人应优先选择该类责任方式。这是因为，合同是市场主体自由谈判，以促进资源向更高使用价值方向转移的最主要交易形式，是当事人双方为确认某种事实而达成的具有权利和义务内容的协议。合同法的基本功能是鼓励交易、增进社会财富。因此对于违约责任的选择，法律也应鼓励向交易完成的方向发展。

对于退货，《合同法》第 94 条第 4 项规定，应在瑕疵的存在致使不能实现合同目的情形下选择。退货相当于合同解除，因此要注意解除合同是否会造成债务人重大不利，只有在瑕疵的存在对于债权人所生的损害与解除合同对于债务人所生的损害相比更为显失公平，或者经过修理、更换、重作仍无法实现合同目的的情形下，债权人始得主张退货。但何谓显失公平，则应视具体情况、交易习惯而定。

在债务人瑕疵履行时，债务人不完全履行债务的表现形式多种多样，有些瑕疵是无法补正的，而有些瑕疵则可以通过债务人的补正行为适当补正。比如，当标的物为种类物时，就可以通过更换的方法补正。由于存在的瑕疵能否补正的不同，导致瑕疵履行的法律后果也有所不同。

如果履行上的瑕疵能够补正，债权人有权拒绝接受有瑕疵的履行，并要求债务人补正。此时，债权人不负受领迟延的责任。因补正标的物导致债务人迟延履行的，债务人应负迟延履行的责任。如果因债务人补正给债权人造成损失的，债务人应负责赔偿。当债务人交付的标的物质量不符合约定时，债权人有权依据情况要求债务人减少价款或者报酬。标的物虽能补正，但补正对债权人已无利益的，债权人有权解除合同，并请求损害赔偿。因标的物的主物不符合合同约定解除合同时，解除合同的效力及于从物。债务人能补正而不补正时，债权人有权要求人民法院强制债务人补正。但依债务的性质不得强制执行的除外。

如果履行上的瑕疵不能补正，债权人有权拒绝受领标的物，并可以解除合同，要求损害赔偿。当然，债权人也可以在受领后，要求债务人降低价格或者酬金。

2. 加害给付

瑕疵履行中还有一种是加害给付，加害给付是一种特殊的瑕疵给付，是指不仅给付行为存在瑕疵，并且因该给付行为给债权人的人身或其他财产造成了损害，瑕疵给付需承担违约责任，而加害给付存在违约与侵权，加害给付构成责任的竞合。

加害给付的特点是：债务人的履行不符合合同约定或法律规定，且债务人的不适当履行行为造成了对债权人的履行利益以外的损害，例如债务人交付的家畜患有传染病，致使债权人的其他家畜受传染而死亡。加害给付是一种同时侵害债权人的相对权和绝对权的不法行为。由于加害给付构成责任的竞合，受有损害一方可以选择违约责任或侵权责任诉求保护。

（四）部分履行

所谓部分履行，是指合同虽然履行，但履行不符合数量的规定，或者说履行在数量上存在着不足。

在部分履行的情况下，非违约方首先有权要求违约方依据合同规定的数量条款继续履行，交付尚未交付的货物、金钱以及提供未提供的服务。非违约方也有权要求违约方支付违约金。如果因部分履行造成了损失，非违约方有权要求违约方赔偿损失。由于在一般情况下，对部分不履行，债务人是可以补足的，因此不必要解除合同。如果因部分履行而导致合同的解除，则对已经履行的部分将作出返还，从而会增加许多不必要的费用。所以，除非债权人能够证明部分履行已构成根本违约，导致其订约目的不能实现，一般不能解除合同。

二、买卖合同的预期违约

预期违约亦称先期违约，是英美合同法上的特有制度。它是为了解决合同生效后至履行期限届至前发生在合同履行上的危险而建立的一项法律制度。由于预期违约制度充分体现了合同法之诚实信用原则及公平原则，对平衡合同双方当事人的利益具有重要意义，因而不仅英美法系国家的法律对其作出了规定，1980年《联合国国际货物买卖合同公约》对其也作出了规定。我国《合同法》也在继承大陆法系基本框架和体系的同时，吸收和借鉴了英美法中的预期违约制度，在第 94 条第 1 款第 2 项和第108 条亦对此进行了规定。但我国《合同法》有关预期违约的条款规定存在着一些不足。预期违约包括明示毁约与默示毁约。

（一）明示预期违约

明示预期违约是指在买卖合同履行期限到来前一方当事人明确肯定地向另一方表示不履行合同。明示毁约的构成要件是：第一，债务履行期尚未届至。第二，一方当事人明确肯定地向对方表示履行期到来后将不履行合同义务。第三，一方当事人表示不履行合同的"主要"义务，而不是次要义务。第四，明示不履行的一方当事人无正当理由。

（二）默示预期违约

默示预期违约是指在买卖合同履行期届至前，一方当事人以行为表明其将不会履行合同义务。默示毁约的构成要件：第一，买卖合同债务履行期尚未届至。第二，一方当事人以行为表明其将不会履行合同义务。第三，一方须"有证据证明"对方的行为表明其将不履行合同义务。第四，以其行为表明将不履行合同义务的一方不提供履行担保。

根据英美法系确立的原则，在合同有效成立后至合同约定的履行期限届至之前，一方当事人根据对方当事人的行为或客观事实，预见其将不能届期履约，可以采取如下三种救济方法：①请求对方提供能够全面履行合同的充分保证；②中止履行与他尚未得到的给付相应的那部分合同义务；③若默示预期违约方拒绝提供履约担保，另一方当事人可将默示预期违约视为明示预期违约，选择明示预期违约的救济方法进行救济。我国《合同法》分别在第6章"合同的权利义务中止"的第94条第1款第2项和第7章"违约责任"的第108条对预期违约制度进行了规定。第94条第1款第2项规定：在履行期限届满之前，当事人一方明确表示或以自己的行为表明不履行主要债务，另一方当事人可以解除合同。第108条规定：当事人一方明确表示或者以自己的行为表明不履行合同义务的，对方可以在履行期限届满之前要求其承担违约责任。虽然第108条就预期违约的后果仅规定为"对方可以在履行期限届满前要求当事人一方承担违约责任"，而未规定违约的具体责任形式，但从《合同法》的逻辑体系来看，此处的违约责任形式应理解为第94条所列的责任形式，即解除合同。

预期违约制度对于维护合同的严肃性，实现《合同法》的公平、效益的价值目标，保护当事人的合法权益，及时了结争议，预防和减少因一方不履行或不能履行合同所造成的实际损失和风险，维护交易安全和秩序，保证合同订约目的的实现等方面均具有极为重要的作用。建立预期违约制度，不仅会使合同双方当事人的权利义务公平化，在一定程度上避免预期违约诱发的违约危险，而且还会将预期违约可能造成的损失消灭在萌芽状态或降低到最低限度。此外，亦可以防止长期争讼，特别是合同成立至履行长达数年的长期合同，如果一方预期违约，另一方依法在一定条件下可以解除合同就可以使纠纷及时解决。

（三）预期违约与不安抗辩权之比较

1. 预期违约制度

英美法系国家的立法大都规定了预期违约制度，其中尤以美国《统一商法典》的规定最为完备。该法典在第 2-610 条对明示预期违约规定："任何一方当事人表示拒不履行尚未到期的合同义务，而这种毁约表示对于另一方而言会发生重大合同价值损害，受害人则可以：（1）在商业合理时间内等待毁约方履约。（2）或根据第 2-703 条或第 2-711 条请求任何违约救济，即使他已通知毁约方等待其履约和催其撤回毁约行为；并且在上述任何一种情况下，均可停止自己对合同履行，或根据本篇第 2-704 条关于卖方权利的规定，将货物特定于合同项下或对半成品货物作救助处理。"这些规定不仅肯定了美国判例确立的明示预期违约的两种救济方法，而且还赋予受害人在明示预期违约情况下，可以中止履行合同义务，并享有提起违约救济之诉的权利。对于默示预期违约，《统一商法典》第 2-609 条规定："（1）货物买卖合同意味着买卖双方负有不辜负对方要求自己及时履约的期望的义务。一方如有合理理由相信对方有不能履约的危险，前者可以致函后者要求其对及时履约提出充分保证，且在他收到这种保证之前，可以暂时中止与他尚未得到约定给付相对应的那部分义务。只要这种中止在商业上合理。（2）在商人之间，应根据商业标准确认具有不能履约危险的理由是否正当以及履约保证是否充分。（3）接受任何不当的交付和付款并不影响受害方要求对方对未来履约提供充分保证的权利。（4）一方收到另一方的正当要求后，若未能在不超过 30 天的合理时间内提供这种根据实际情况能按时履行的充分保证，即为毁约。"可见，《统一商法典》确立了默示预期违约的三种救济方法。

2. 不安抗辩权制度

大陆法系虽没有预期违约的概念，但它所使用的"不安抗辩权"与英美法系的预期违约，尤其是默示预期违约相近。不安抗辩权也称为异时履行拒绝权，是指双务合同成立以后，有先为履行义务的一方对对方当事人财产显著减少以至于将来难以为对价给付时，在对方未为将来履行提供充分担保前有拒绝自己先为履行的权利。它与英美法系上的预期违约相比较，共同之处是：两者都是在订约后，履行前，一方发现另一方有不能履行的危险；两者所采取的救济措施都是中止自己的给付；两者都要求对方作出履约保证，方可停止中止的效力，继续履行合同。两者不同点是：

第一，两者适用的前提条件不同。不安抗辩权行使的前提条件之一是债务履行时间有先后之别，即为异时履行。而预期违约无此前提。不管是有义务首先作出履行还是同时作出履行的任何一方当事人，均可以依法在对方预期违约时中止履行，寻求法律救济。

第二，过错是否为构成要件不同。大陆法系认为，不安抗辩权的成立无须对方主观上有过错，只要其财产在订约后明显减少并有难为对价给付之虞即可；而预期违约则不同。英美法系预期违约理论认为预期违约的构成要件就是承担预期违约的责任要件，因此，预期违约的成立要求违约方主观上必须有过错。

第三，适用的主体不同。依《法国民法典》第 1613 条规定，不安抗辩权人为买卖合同的卖方；而依《德国民法典》第321条规定，仅双务合同中有先为给付义务的一方当事人享有不安抗辩权，而未给合同另一方当事人以相应的法律保护。预期违约制度则平等地赋予合同当事人双方以预期违约救济权。

第四，救济的法律依据和救济的方法也不相同。根据法国和德国的法律规定，行使不安抗辩权的条件是对方财产在订约后明显减少；而英美法系默示预期违约所依据的理由不限于财产的减少，包括债务人的经济状况不佳，商业信誉不好，债务人在准备履行及履行过程中的行为或者债务人的实际状况表明债务人有违约的危险等情况。不安抗辩权的救济方法是权利人可以中止自己对对方的给付，一旦对方提供了充分的担保，则应继续履行义务。但对方不提供履约的保证，权利人是否可以解除合同，许多国家法律对此规定得十分模糊，从法律条文看一般是无解除权的。而美国《统一商法典》对默示预期违约的法律救济方法除了请求对方提供履约的充分保证和中止履行合同外，还明确规定，如对方在合理的时间内不能提供履约充分保证，可视对方毁约，从而解除合同并请求赔偿。

通过比较，我们看出预期违约制度更注重合同双方的利益平衡和权利平等。它较之不安抗辩权制度更具有灵活性，其适用范围广，涵盖面宽，不存在任何前提条件，对受害方的保护更为充分，更有利于维护交易秩序的安全。

三、实际违约和预期违约的比较

预期违约与实际违约的区别主要表现为以下几个方面。

（一）预期违约与实际违约的时间不同

预期违约是在履行期到来之前的违约。由于履行期尚未到来，当事人没有履行其义务，此时一方的违约只是表现为未来将不履行义务。它侵害的是期待的债权而不是现实的债权。而实际违约是在履行期限到来时所表现出来的明显的违约行为。它侵害的是现实的债权。

（二）预期违约与实际违约在是否可以消除违约状态上不同

在预期违约中，如果违约方在履行期届至前纠正其毁约表示，则可消除违约状态，但实际违约无法纠正；预期违约可以在履行期之前撤回其毁约的意思表示，实际违约无法撤回。

（三）预期违约与实际违约的违约形态不同

预期违约表现为对整个合同的毁弃，包括两种形态，即明示毁约和默示毁约。由于这两种形态都是发生在履行期到来之前的违约，因此可以看作是与实际违约相对应的一种特殊的违约形态。而实际违约的形态有拒绝履行、迟延履行、不适当履行和部分履行四种。因此，这两种违约形态是完全不同的。

（四）预期违约与实际违约提出请求的时间不同

预期违约的非违约方如果认为，等待履行期到来再提出请求，将使其蒙受更大的损失，或者认为毁约方不可能撤回其毁约的表示，则可以根据《合同法》第108的规定，立即提出请求，要求对方在履行期到来前承担违约责任。而实际违约的非违约方不可能在履行期限到来前提出请求，因为在履行期限到来之前还不能说明对方会违约。因此只能在履行期限到来后，对方发生实际违约行为时，才能提出要求违约方承担违约责任。

（五）预期违约与实际违约救济方式不同

预期违约是一种可选择违约救济手段的违约行为。首先，在一方当事人明确表示违约情况下，当事人一方可以直接解除合同，并要求违约方承担损害赔偿责任，也可以等待合同履行期的到来之后，在另一方当事人实际违约时，依照实际违约请求对方当事人承担违约责任。其次，在默示预期违约时，一方当事人可以中止履行合同，要求预期违约方提供充分的保证，如果违约方未能在合理期限内提供充分担保的，此时另一方当事人可以解除合同，并可以要求损害赔偿。

预期违约的非违约方可以在履行期限到来前行使各种违约责任的补救方式，法律赋予守约方有适当的选择补救方式的权利。通常在预期违约下，权利人可以选择的方式主要表现为：①中止合同的履行；②追究违约责任，无需等待履行期届至；③解除合同；④追究实际违约责任，要求对方实际履行，如对方仍不履行，则预期违约转化为实际违约。

实际违约在一方拒绝履行的情况下，另一方有权要求其继续履行合同，也有权要求其承担违约金或赔偿损失责任。在履行迟延的情况下，非违约方有权要求违约方支付迟延履行的违约金，如果违约金不足以弥补非违约方所遭受的损失，非违约方还有权要求赔偿损失。在不适当履行的情况下，如果合同对责任形式和补救方式已经作出了明确规定的，从其规定；没有规定或规定不明确，受害人可以根据具体情况，选择各种不同的补救方式和责任形式。在部分履行的情况下，非违约方有权要求继续履行，也有权要求违约方支付违约金，对造成损失的也有权要求赔偿损失。

（六）预期违约与实际违约赔偿损失的范围不同

实际违约应当承担的是完全赔偿原则下的赔偿责任。完全赔偿就是要通过赔偿受害人的实际损失和可得利益的损失，从而弥补受害人遭受的全部损失。而预期违约造成的主要是信赖利益的损失，其赔偿范围主要限于信赖利益损失。如因信赖对方履行而支付一定的准备履行的费用，但不包括因合同履行所能获得的各种利益（如利润损失）等。赔偿范围的计算上预期违约的损害按照预期违约时的市场价格与合同价格之间的差价加上其他损失来确定，实际违约赔偿范围是以期限届满时的市场价格与合同价格之间的差价加上其他损失来确定的。

四、我国预期违约制度的完善

预期违约制度作为一个制度体系应当包含"违约情况"与"救济"两个不可分割的部分。我国《合同法》在第 94 条第 1 款第 2 项和第 108 条对预期违约制度分别进行了规定。我国在预期违约制度体系上的不足主要表现为：

（一）我国《合同法》第 94 条与第 68、69 条两个不安抗辩权条款存在矛盾冲突

依《合同法》第 94 条，无论当事人一方是明示预期违约，还是默示预期违约，只要是对主要义务的违反，另一方当事人都可以解除合同。但第 68 条规定，应当先履行债务的当事人，有确切证据证明对方有下列情形之一的，可以中止履行：①经营状况严重恶化；②转移财产，抽逃资金，以逃避债务；③丧失商业信誉；④有丧失或者可能丧失履行债务能力的其他情形。当事人没有确切证据中止履行的，应当承担违约责任。第 69 条规定：

当事人依照本法第 68 条的规定中止履行的，应当及时通知对方。对方提供适当担保时，应当恢复履行。中止履行后，对方在合理期限内未恢复履行能力并且未提供适当担保的，中止履行的一方可以解除合同。"由此规定我们认为，当一方当事人转移财产、抽逃资金以逃避债务时，这种行为显然属于以自己的行为表明不履行主要债务。按照《合同法》前述的两个有关预期违约的条款规定，另一方当事人就可以立即解除合同；而按照第 68 条和第 69 条的规定，另一方当事人不能立即解除合同，而只能中止履行，并立即通知对方，若对方提供担保时，应恢复履行，若对方在合理期限内未恢复履行能力并且未提供适当担保的，才能解除合同。导致这种矛盾和冲突的原因，一是因为我国《合同法》同时将大陆法系中的不安抗辩权制度和英美法系中的预期违约制度预以规定；二是在规定不安抗辩权条款时，又吸收和借鉴了英美法系中默示预期违约规则的某些内容。从对英美法系中的预期违约与大陆法系中的不安抗辩权之比较，我们看出，无论是就适用前提条件来说，还是就适用主体来说，预期违约制度都比不安抗辩权制度更能平等地保护合同当事人的利益，更能维护交易秩序的安全。因此，解决这种矛盾和冲突的有效办法就是废止或改变不安抗辩权制度，而详细规定预期违约制度中的默示预期违约的构成要件及效力，以默示预期违约取而代之。因为默示预期违约比不安抗辩权制度具有更大的涵盖性，足以解决那些本应由不安抗辩权制度规制的社会问题。

（二）我国默示预期违约的客观标准过于简单，不便于实际操作

当事人一方是否构成默示预期违约，既可以从该当事人的行为来判断，也可以根据客观事实进行判断，而不是仅限于从当事人的行为上判断。这里客观事实比较常见的主要包括当事人一方

的经济状况、商业信用、履约能力等，而《合同法》的第 94 条第 1 款第 2 项和第 108 条都只仅仅规定从当事人一方的行为这一个方面去判断默示预期违约，而没有规定从客观事实方面去判断默示预期违约，显然其判断的客观标准是不完善的，容易导致对默示预期违约认定上的主观随意性。之后立法在规定默示预期违约的判断标准的时候就必须慎重，应尽量将其规定得详细、全面，避免由于法律规定的缺漏导致实际执行中的混乱，因而，合同法条款在这方面应该完善。

（三）我国预期违约制度救济方法不足

按照《合同法》第 94 条第 1 款第 2 项的规定，只要当事人一方以自己的行为表明不履行合同主要债务的，对方就可以直接采取解除合同。这种救济方法使守约方的权利过大，严重影响合同双方当事人的权利义务平衡。应设定守约方在采取解除合同的救济方法之前，要求预期违约方提供履约担保，并同时采取中止履行合同的救济方法。这是因为在当事人一方预见到另一方构成不能或不会履行合同主要债务以后，他虽然已面临着不能履约的危险，但他还不能立即确定另一方构成默示预期违约，更不能马上就解除合同，因为这时当事人一方仅仅是根据另一方行为或客观事实所作的一种推断，这种推断并不能代替另一方的决定，并有可能与具体情况发生巨大差异。在这种情况下，轻易允许当事人一方以另一方默示预期违约为由解除合同，对交易秩序的维护是不利的。所以，当出现这种情况时，还是应该要求当事人一方首先应书面通知另一方，让另一方在合理的时间内提供履约保证，并有权在另一方提供履约保证之前，采取中止履行其在合同项下的义务的方法。若另一方在合理的期限内提供履约保证，则证明其不构成默示预期违约，合同因而就不应该解除。若另一方不能在合理的期限内提供履约保证，这就构成默示预期违约，在这种情况下，当事人一方才有权解除合同。这种分步骤采取不同救济方法的模式在英美法系许多国家的相关法律中都有规定，并已被证明是切实可行的。

（四）我国预期违约制度缺乏制约当事人一方滥用默示预期违约救济权的规定

为了避免合同当事人一方滥用默示预期违约救济权，以维护社会经济秩序的稳定，立法必须预设一项责任，给该当事人一方必要的制约和牵制。也就是说，法律上应明文规定当合同当事人一方未有另一方不能履行合同主要债务的确切证据时，其若中止或解除合同的，应负相应的违约责任，而且对因此而造成另一方损失的要承担赔偿责任或其他违约责任。

（五）应将预期违约与实际违约分别加以规定，并强化预期违约制度的规定

《合同法》第 94 条将预期违约与实际违约合并在一起适用一个条款是不恰当的，预期违约属于在履行期前毁约，而实际违约是在履行期到来之后的违约。预期违约与实际违约的一个重要区别在于它们发生的时间不同，预期违约表现为将来不履行合同的主要义务，实际违约表现为现实的确定的违反合同义务；预期违约所侵害的只是期待的债权而不是现实的债权；预期违约只能是合同一方当事人违约，而不像实际违约那样可以是一方违约，也可以是双方违约。为了便于合同当事人准确判断和把握预期违约，应当将预期违约与实际违约分别加以规定，可以设定为："在履行期限届至之前，当事人一方明确表示不履行主要债务的，对方可以解除合同。在履行期限届至之前，当事人一方有确切证据证明对方当事人有下列情形之一的，可以中止履行：（1）其行为表明将不履行主要债务；（2）经济状况严重恶化；（3）商业信

用有严重缺陷；（4）有其他丧失或者可能丧失履行债务能力的情形的。中止履行一方应立即书面通知对方当事人；若该方对履行合同提供了充分保证，中止履行一方应恢复履行；若该方自书面通知发出 30 天内未提供履行合同的充分保证，中止履行一方可以解除合同。当事人一方没有确切证据中止履行的，应承担相应的违约责任。"

至于一方当事人在对方中止履约之后提供了充分保证，对方需要继续履行义务的履行期限如何计算，应通过立法解释、司法解释对此加以确定。只有这样才能保证预期违约制度在我国较为准确有效地实行。

五、几种违约责任的确定

（一）出卖人瑕疵履行责任

瑕疵履行是卖方交付的标的物不符合合同规定的质量要求的履行行为，它属于实际违约行为，在卖方交付的标的物有瑕疵时，买方可以主张卖方承担的责任根据具体情形包括：

1. 买方可以主张降价

降价即通过减价请求权来要求卖方承担瑕疵责任，在卖方应负瑕疵担保责任时，买方可以请求减少价款。减价的实行在《国际货物买卖公约》第 50 条里有规定。《法国民法典》第 1644 条就规定，当标的物存在瑕疵时，买方可以"保留标的物并要求依鉴定人之裁决，返还价金之一部"。价款的减少额应依标的物瑕疵的状况而定，原则上应为有瑕疵标的物的买价与无瑕疵之物的买价差额。我国《买卖合同司法解释》第 23 条规定，标的物质量不符合约定，买受人依照《合同法》第 111 条的规定要求减少价款的，人民法院应予支持。当事人主张以符合约定的标的物和实际交付的标的物按交付时的市场价值计算差价的，人民法院应予支持。价款已经支付，买受人主张返还减价后多出部分价款的，人民法院应予支持。

2. 买方可以主张解除合同

当出卖人交付有瑕疵的标的物使买方利益和缔约目的无法实现时，买方可以通过解除合同来实现自身利益。

《德国民法典》和《法国民法典》都承认买方有解除合同的请求权。虽然各国法律规定了买方的这一合同解除权，但为了维护交易安全，降低交易成本，实现双方利益的均衡，法律对买方的这一权利作了严格的限制。如《德国民法典》规定只有卖方交付的标的物存在瑕疵，使买方订约目的落空时，买方才可以解除合同。此外，买方行使解除权应在规定的期限内。各国法律一般对买方行使合同解除权规定了法定期间，即除斥期间。例如《日本民法典》规定该除斥期间为1年。《法国民法典》虽然没有规定一个具体的除斥期间，但规定了一个"最短期限"，此项期限应依据得以解除买卖的瑕疵的性质及买卖地的习惯。

我国《合同法》第94条规定了违约行为致使不能实现合同目的的解除权，《买卖合同司法解释》第25条规定，出卖人没有履行或者不当履行从给付义务，致使买受人不能实现合同目的的，买受人主张解除合同的，人民法院应当根据《合同法》第94条第（4）项的规定，予以支持。

但我国《合同法》没有明确规定出卖人关于解除合同催告权、价款提存权。所谓出卖人的解除合同催告权，系指买受人向出卖人主张标的物存有瑕疵时，出卖人可规定一定期限，催告买受人于期限内作出是否解除合同表示的权利。买受人于出卖人所规定的期限内，未作出解除合同表示的，应丧失解除合同的权利，仅能要求其他救济方式。对标的物存有瑕疵，买受人有权拒绝支付相应价款，买受人拒绝支付价款时，出卖人有权请求买受人将所拒绝支付的价款提存，此即出卖人的价款提存权。此权利的规定，在于避免买受人滥用法律规定的权利而导致出卖人的正当利益受到损害。

3. 买方可以主张修理、更换等责任

此即以卖方负担修理、更换瑕疵物之方式来承担瑕疵责任。在买卖合同中如果货物不符合同要求，买方可以要求卖方通过修理、重作、更换标的物，对不符合同之处做出补救，这样的规定既可满足买方对物的需要，又可以节省再订合同的费用，符合现代立法的趋势。

修理即消除标的物的缺陷，更换即另行给付符合质量要求的标的物。《买卖合同司法解释》第 22 条规定：买受人在检验期间、质量保证期间、合理期间内提出质量异议，出卖人未按要求予以修理或者因情况紧急，买受人自行或者通过第三人修理标的物后，主张出卖人负担因此发生的合理费用的，人民法院应予支持。

在罗马法的瑕疵担保责任制度中，并未规定买方的这项请求权，其理由主要是卖方通常并非制造人，一般不具备除去瑕疵的能力与设备，故买方在受领后不得请求卖方修复标的物的瑕疵。根据罗马法的这一规定，《德国民法典》也未规定卖方的瑕疵修复义务，但有些大陆法系国家根据适当履行原则，认为卖方应实际履行，交付符合法律或合同规定的标的物，以满足买方的需要。在卖方应对交付的标的物负瑕疵担保责任时，赋予买方修复标的物的请求权。

4. 买方可以主张违约金

此即要求卖方支付预先约定的违约金的责任，《合同法》第114 条规定：当事人可以约定一方违约时应当根据违约情况向对方支付一定数额的违约金，也可以约定因违约产生的的损失赔偿

额的计算方法。如果合同主体约定了违约金的具体数额，应按约定数额给付违约金，如果合同主体约定了违约金的计算方法，应按约定方法计算违约金，如果合同主体只约定了违约金，但没有约定具体数额，也没有约定计算方法，则视同无约定，并按照未约定情形处理。

5. 买方可以主张赔偿损失

此即要求卖方承担支付损害赔偿金的责任。在各国立法中对于瑕疵担保责任中的赔偿请求权都作了规定，但它一般是作为一项并非普遍适用的具有特殊效力的规定，仅适用于卖方故意不告知瑕疵或标的物缺少卖方保证的品质等情形。如《德国民法典》第463条规定："出卖的物在买卖当时缺少所保证的品质的，买受人可以不解除合同或者减少价金而要求因不履行的损害赔偿。出卖人故意不告知物的瑕疵的，亦同。"又如《法国民法典》第1645条和第1646条规定，在出卖人应负有瑕疵担保责任时，买受人有解除契约或价款减额请求权，而对明知标的物有瑕疵的出卖人，即恶意出卖人，除返还收取的价款外，应赔偿买受人的全部损失；对不知标的物有瑕疵的"善意出卖人"则仅返还价款并赔偿因买卖契约而支出的费用。

《买卖合同司法解释》第29条规定：买卖合同当事人一方违约造成对方损失，对方主张赔偿可得利益损失的，人民法院应当根据当事人的主张，依据《合同法》第113条、第119条和本解释第30条、第31条等规定进行认定。第30条规定：买卖合同当事人一方违约造成对方损失，对方对损失的发生也有过错，违约方主张扣减相应的损失赔偿额的，人民法院应予支持。第31条规定：买卖合同当事人一方因对方违约而获有利益，违约方主张从损失赔偿额中扣除该部分利益的，人民法院应予支持。第32条规定：合同约定减轻或者免除出卖人对标的物的瑕疵担保责任，但出卖人故意或者因重大过失不告知买受人标的物的瑕疵，出卖人主张依约减轻或者免除瑕疵担保责任的，人民法院不予支持。第 33 条规定：买受人在缔约时知道或者应当知道标的物质量存在瑕疵，主张出卖人承担瑕疵担保责任的，人民法院不予支持，但买受人在缔约时不知道该瑕疵会导致标的物的基本效用显著降低的除外。由此我国关于瑕疵赔偿责任的规则主要包括：

（1）区分不同的瑕疵，确定瑕疵责任方式。瑕疵可分为隐蔽的瑕疵和明显的瑕疵，出卖人对于明显的瑕疵责任的负担，受到检验期和买受人及时提出的限定，通常过了检验期买受人未检验的视为交付符合要求，并且买受人也不得要求延展明显瑕疵的检验期间，但是出卖人对隐蔽瑕疵承担较重的责任，即承担瑕疵责任的时间较长，买受人也可以要求延展隐蔽瑕疵的检验期间。

买受人对已告知的瑕疵通常不承担赔偿责任，对已告知的瑕疵和含有明显瑕疵的货物，买受人自己可以辨认其存在的瑕疵而愿意购买，显然是存在故意或重大过失，所以没有必要对之提供法律保护。明显的瑕疵对一般人来说只要尽了一般的注意义务就可以发现的一种显而易见的瑕疵，这时就不应以买受人自己主张没有发现瑕疵为依据，因为即使买受人真的没有发现瑕疵，他也存在重大过失。

（2）出卖人物的瑕疵责任包括：当出卖人明知标的物存在瑕疵时，出卖人除应向买受人返还其收取的价金外，并应赔偿买受人的全部损害，至于是返还全部价金还是部分价金，那要看买受人是解除合同还是请求减少价金；当出卖人不知标的物有瑕疵时，出卖人不负损害赔偿责任，仅向买受人返还价金和偿还买受人因买卖契约所支出的费用，但买卖双方事先约定出卖人不负任何担保责任的，出卖人可以不负责任。

（3）赔偿损失的计算要考虑完全赔偿原则。根据《合同法》第 113 条第 1 款的规定，违约方承担补偿性损害赔偿的范围包括实际损失和可得利益的损失两部分。实际损失是指因违约行为遭受的财产损害和人身损害，但不包括精神损害赔偿。可得利益的损失，主要是指利润的损失，例如获得标的物以后转卖所获得的纯利润，获得机器设备后投入使用所获得的营业纯利润。

（4）赔偿损失的计算要考虑可预见规则、减损规则、损益相抵规则、过失相抵规则。可预见规则是指根据《合同法》第113条规定，损害赔偿的数额不得超过"违反合同一方""订立合同时"预见到或者应当预见到的因违反合同可能造成的损失。减损规则是根据《合同法》第119条的规定，当事人一方违约后，对方没有采取适当措施致使损失扩大的，不得就扩大的损失要求赔偿。损益相抵规则是指如果违约行为在给对方造成损失的同时，还给对方带来了收益或者给对方减少了费用的支出，则在计算损害赔偿的数额时应当减去该收益或者节约的费用。过失相抵规则是指买卖合同当事人一方违约造成对方损失，对方对损失的发生也有过错，违约方可以主张扣减相应的损失赔偿额。

（5）关于惩罚性赔偿的确定，主要适用于特定的损害行为，例如，《中华人民共和国消费者权益保护法》第49条规定：经营者提供商品或者服务有欺诈行为的，应当按照消费者的要求增加赔偿其受到的损失，增加赔偿的金额为消费者购买商品的价款或者接受服务的费用的一倍。《商品房买卖合同解释》第8、9、14条规定，房地产销售企业对房屋购买人实施特定损害适用双倍惩罚性赔偿。《中华人民共和国食品安全法》第96条规定：违反本法规定，造成人身、财产或者其他损害的，依法承担民事责任。生产不符合食品安全标准的食品或者销售明知是不符合食品安全标准的食品，消费者除要求赔偿损失外，还可以向生产者或者销售者要求支付价款十倍的赔偿金。

6．各国有关卖方的瑕疵责任的规定

《德国民法典》第459条将物的瑕疵区分为两类：一类是使

买卖物"无灭失其使用价值或通常使用或合同预定使用的适合性全部或部分丧失的瑕疵",但对其程度有要求,即"价值或适合性的部分丧失不显著的,不予考虑";另一类是出卖人交付的物,违反了其所保证的品质。对这两类物的瑕疵,其救济方法也不一样。对第一类物的瑕疵,买受人可以请求解除合同或减少价金;而对第二类物的瑕疵,买受人可以不请求解除合同或减少价金而请求不履行的损害赔偿。《德国民法典》规定买受人在买卖合同订立时明知标的物有瑕疵的,出卖人对标的物的瑕疵不负责任,同时,买受人若不知标的物有瑕疵是因重大过失造成的,出卖人也不负标的物的瑕疵担保责任,但出卖人对标的物的品质作过保证或恶意不告知瑕疵的除外。另外,买卖双方还可以在合同中约定免除或限制出卖人因标的物的瑕疵而负的担保责任,但出卖人恶意不告知瑕疵的合同无效。

在英美法系中并不存在传统民法中的物的瑕疵担保责任制度。但为了维护买方特别是广大消费者的利益,英美法系规定了卖方应对其出售的标的物的质量负明示和默示的担保义务,若卖方违反担保义务而交付有瑕疵的物品,便会构成违约而承担违约责任。

在英国法系中,违约分为违反条件和违反担保。违反条件是指违反合同的主要条款,违反担保则是指违反合同的次要条款。英国法作这种区分的主要意义在于对这两种违约的救济方法不一样。若合同一方违反条件,则另一方可解除合同并要求损害赔偿;若是违反担保,则另一方只能请求损害赔偿。其中条件又可分为明示条件和默示条件。明示条件是指双方当事人在合同中明文规定的条件,默示条件是指依照法律或按照解释当事人的意思理应包括在合同中的条件。在有关品质担保义务方面,按英国1979年《货物买卖法》的规定,若双方当事人在合同中约定了有关品质担保的条款,则构成明示条件,当事人应予遵守。若双方当事人没有约定，则卖方交付的标的物也应符合下列默示条件：①凡是凭说明的买卖，卖方所交的货物必须与说明相符；②若卖方是在营业中出售货物，则卖方提供的货物应具有商销品质；③若卖方是在营业中出售货物，并且有理由知道买方明示或默示要求该商品的特定用途，且买方信赖卖方的技能和判断力，则卖方提供的货物应合理地适合于这种特定的用途；④凭样品买卖时，卖方交付的货物在品质方面应与样品相符，并不能存在对样品进行检验不能发现的不合商销性的缺陷。卖方若违反了上述有关品质的明示条件或默示条件，买方都可以解除合同并要求赔偿。当然买方也可以不解除合同而接受货物，仅要求卖方承担货物不符品质要求的赔偿责任。

美国《统一商法典》与英国 1979 年《货物买卖法》不同，它不将合同条款分为"条件"与"担保"，而是把卖方对货物的担保义务都称为担保，并把这类担保分为明示担保与默示担保两种。明示担保，是指卖方直接地明白地对其产品的品质作出保证。明示担保是买卖合同的一个组成部分，并且是买卖双方达成交易的基础。明示担保一般通过以下三种方式产生：①卖方对买方就有关货物的品质作了事实的确认或许诺，并成为交易的一部分；②对货物所作的任何说明，并作为交易基础的一部分；③任何作为交易基础一部分的样品模型。默示担保，则不是由双方当事人经过交易磋商订立的，而是法律规定应当适用于买卖合同的担保，但买卖双方在合同中有不同规定时，则适用合同规定。按照美国《统一商法典》的规定，卖方主要承担商销性的默示担保和适合特定用途的默示担保。在卖方交货时，若在货物的品质方面违反了上述明示担保或默示担保义务，则应承担违约责任。具体的责任形式，不是按违反明示担保或默示担保来区分，而是按卖方的违约程度和后果的严重性来区分。若是轻微的违约，则买方可以要求赔偿损失，而不能解除合同；若是重大的违约，则买方可以解除合同并要求赔偿损失。

从以上对各国有关卖方的品质担保义务方面规定的分析，我们可以发现，大陆法系国家由于受罗马法的影响，在卖方的品质担保义务方面建立了独特的物的瑕疵担保责任制度，而英美法系国家无单独的物的瑕疵担保责任制度，只存在着统一的违约责任制度，消除了大陆法条中物的瑕疵担保责任制度与不适当履行责任制度相分离的局面和两种制度相冲突的矛盾。英美法系国家规定更有利于保护买方的利益。

我国合同法没有采取大陆法系的瑕疵担保责任，而认为不适当履行是一种独立的违约行为，违约当事人应当承担违约责任，而非违约方则可以选择各种违约的补救方式维护其权利。

（二）买受人迟延付款的责任

买受人迟延付款的责任主要包括解除合同、支付违约金、赔偿金等。在确定逾期付款违约金时应该注意：

1. 买卖合同约定逾期付款违约金的

买卖合同约定逾期付款违约金，买受人以出卖人接受价款时未主张逾期付款违约金为由拒绝支付该违约金的，人民法院不予支持。买卖合同约定逾期付款违约金，但对账单、还款协议等未涉及逾期付款责任，出卖人根据对账单、还款协议等主张欠款时请求买受人依约支付逾期付款违约金的，人民法院应予支持，但对账单、还款协议等明确载有本金及逾期付款利息数额或者已经变更买卖合同中关于本金、利息等约定内容的除外。

2. 买卖合同没有约定逾期付款违约金的

《买卖合同司法解释》第 24 条第 4 款规定：买卖合同没有约定逾期付款违约金或者该违约金的计算方法，出卖人以买受人违约为由主张赔偿逾期付款损失的，人民法院可以中国人民银行同期同类人民币贷款基准利率为基础，参照逾期罚息利率标准计算。

合同可就负有金钱支付义务一方迟延履行该义务约定"逾期付款违约金"，而不应使用"罚款""罚金""滞纳金"或"利息"。

认定违约金不能仅局限于"违约金"三个字眼，如果有"滞纳金""赔偿金"，甚至是"罚款"等约定时，且从合同全文分析符合合同法中对违约金的规定，就应遵从当事人的真实意愿，按照违约金进行处理。虽然法律授予当事人约定违约金的权利，但基于我国违约金以补偿性为主。《合同法》第114条第2款同时规定：约定的违约金过分高于造成的损失的，当事人可以请求人民法院或者仲裁机构予以适当减少。当合同当事人认为约定违约金过高时，可以请求法院依法核减；法院也可以根据实际情况对违约金是否过高进行释明。

由此看来，我国法律关于逾期付款的违约责任的原则是"没约定，就法定"。如果双方当事人有约定，则从其约定，如果没有约定违约金或者没约定违约金的计算方法，则出卖人可以中国人民银行同期同类人民币贷款基准利率为基础，参照逾期罚息利率标准要求买受人支付逾期付款利息。

（三）权利瑕疵担保责任

1. 权利瑕疵担保责任之意义

权利瑕疵担保责任又叫标的物所有权转移不能之责任，权利瑕疵担保责任出于法律的规定，并非当事人意思表示结果，因而权利瑕疵担保责任是法定责任。但权利瑕疵担保责任并非强制性规定，当事人可以特约免除、限制或加重。权利瑕疵担保责任是仅就买卖标的之权利应负的责任，属于一种无过失责任，只要买卖标的之权利有瑕疵，即须负责，出卖人有无过失，在所不问。

权利瑕疵担保责任是出卖人的责任，因为买卖为有偿合同，买受人取得权利，系支付对价而得，故不论出卖人有无过失，理应使买受人所取得之权利无瑕疵始可，否则有失公平。

大陆法系和英美法系国家的大多数立法都确立了权利瑕疵担保责任制度。原因主要有两点：一是民法公平价值的要求。公平价值体现在买卖合同中就是要求买卖双方的权利义务获得平衡。买卖合同是双务合同，其中买受人有支付对价的义务，出卖人相应地有转移标的物所有权的义务，双方的义务基本对等。出卖人有接受对价的权利，买受人有接受出卖人移转标的物的权利，可以通过对标的物的占有和使用满足自己的需要。如果出卖人移转的标的物上负担有第三人的权利，标的物就可能被他人追夺，买受人就有丧失对标的物占有的可能，这样一来与出卖人完全和平地占有对价相比，买卖双方的权利义务呈现出不平衡的状态。权利瑕疵担保责任制度正是对此状态予以回应而产生的一种法律制度，它使买卖双方的权利义务获得平衡。二是市场经济发展的要求。市场经济的发展规律告诉我们，商品流转的速度越快，产业资本周转的速度也越快，单位时间内产业资本带来的社会财富也就越多。现代社会市场经济占主导地位，保障商品迅速流转有重要的社会意义。在合同法中规定权利瑕疵担保责任制度使买受人不必过分关注标的物所有权的真实状况，可以自由地从市场上购买自己所需要的商品，有利于买卖合同的订立，进而有利于促进商品流转的顺利进行。

2. 我国权利瑕疵担保责任的不足及完善

我国《合同法》关于权利瑕疵担保责任的规定主要有 4 条，即第 132、150、151、152 条。从内容和表述上来看，《合同法》的这些规定初步建立了我国合同法的权利瑕疵担保责任制度，其中有些条款也有创新。如买受人中止支付价款的权利不是权利瑕疵担保责任的传统救济方式，但我国《合同法》对此进行了规定，这是我国《合同法》的创新。依据我国《合同法》第152条的规定，只要具有第三人就标的物主张权利的可能性时，买受人就可以行使中止支付价款的权利，而无须等待第三人就标的物实际主张权利。赋予买受人中止支付价款的权利，能为买受人提供更快捷有效的保护，有利于加强维护买受人的利益。但与大陆法系和英美法系相关国家的立法和有关的国际公约相比，我国《合同法》在权利瑕疵担保责任的规定方面还存在下列不足：

（1）欠缺买受人通知义务的规定，为了保证商品的流通性，《联合国国际货物销售合同公约》在其第43条设定了买受人这一义务，要求买受人在知道第三人对其的权利和要求后，尽快通知出卖人，如因可归责于买受人的事由而未尽通知义务或通知迟延，出卖人亦可免除权利瑕疵担保责任。我国《合同法》应借鉴公约做法规定，买方在知道或者应当知道第三方的权利或要求后的合理时间内及时将这一情况通知卖方，卖方已知这一情况的除外。

（2）对出卖人权利瑕疵担保责任的免除规定得不全面。《合同法》第151条规定，买受人订立合同时知道或者应当知道第三人对买卖标的物享有权利的，出卖人不负瑕疵担保责任。该规定存在的问题是，是否在任何情形下，买受人只要在订立合同时知道或者应当知道第三人对标的物享有权利的，出卖人均不负瑕疵担保责任？对此，大陆法系的规定比较严格。《德国民法典》第439条第（2）款规定，即使买受人明知标的物上设定有抵押权、土地债务、定期金债务、船舶抵押权或者质权等负担的，出卖人亦负有排除此类负担的义务。而美国《统一商法典》第2－312条的规定是"买方有理由知道"标的物存在权利瑕疵时，卖方的担保责任可以改变或取消。比较上述两大法系国家的法律规定，大陆法系国家解决问题的方法比较可取。这是因为，首先，担保其出卖的标的物不负担任何第三人的权利是卖方的一项基本义务。买方知道标的物上负有第三人的权利只是意味着买方认识到其对标的物的权利可能受到干扰，而不能说明买方同意在标的物受到追夺时卖方不负担保责任。如果规定卖方因此不负担保责任，则将买方知道或应当知道标的物有瑕疵的注意义务等同于请求卖方承担违约损害赔偿的权利，意味着限制了买方的权利，减轻了卖方的义务，使买卖双方的权利义务呈现出不平衡的状态。但是买方明知标的物上有第三人的权利而接受，在标的物受到追夺时也应承担一定的责任，买方可以要求卖方返还对价和其支出的其他正常费用，而不能要求损害赔偿。其次，采取此种做法有利于商品流转。如果规定买方知道或者应当知道标的物有权利瑕疵卖方即不负担保责任，则增加了买方注意标的物是否有瑕疵的义务，而且在知道标的物存在权利瑕疵时，买方就会疑虑是否与卖方订立合同。这无疑为合同的订立设置了一道屏障，增加了当事人订立合同的成本。

我国合同法应当规定限制出卖人不承担权利瑕疵担保责任的范围，尤其强调在例外情况下，如卖方故意隐瞒标的物的权利瑕疵和自为设定或让与第三人的权利，卖方仍应承担权利瑕疵担保责任。

（3）缺乏双方通过协议改变出卖人的权利瑕疵担保责任的规定。买卖双方通过协议改变出卖人的权利瑕疵担保责任已为英美法系和大陆法系国家的立法广泛承认。既然权利瑕疵担保责任的规定并非强制性规定，《合同法》应允许买卖双方当事人在合同中对权利瑕疵担保进行约定。至于约定的范围，可以参考美国《统一商法典》第 2-312 条第（2）款的规定，允许当事人根据契约自由和公平合理的原则，共同约定加重或者减免出卖人的权利瑕疵担保责任。也可以参照《德国民法典》第 443 条的规定，对当事人以协议约定，加重或减免出卖人的权利瑕疵担保责任应进行一定的限制：一方面，在约定加重出卖人的责任时应适当注意出卖人的权利、义务的平衡。另一方面，在约定减免出卖人的责任时应注意对买受人权利的保护。因为在这种情况下买受人往往处于一个较为不利的地位，其对买卖标的物的了解一般都比出卖人少，如果出卖人故意隐瞒权利瑕疵而与买受人约定减免自己的担保责任，则买受人极易遭受欺诈。我国《合同法》应规定买卖双方可通过协议约定改变出卖人的权利瑕疵担保责任。但约定不得违反法律、法规和社会公序良俗。

（4）有关违反权利瑕疵担保责任的后果不甚明确。《合同法》第150条仅规定：出卖人就交付的标的物，负有保证第三人不得向买受人主张任何权利的义务，但法律另有规定的除外。但是当第三人向买受人主张权利时，出卖人的具体担保责任如何？《合同法》中未作明确规定。大多数国家合同法对此多规定出卖人承担担保责任的方式包括继续实际履行合同、解除合同、降低价金、赔偿损失，但均未对这些承担担保责任方式的优先次序进行规定。《德国民法典》首次将继续履行请求权置于优先行使的地位，即存在权利瑕疵担保责任的情况下，买受人先向出卖人主张继续履行以获得没有瑕疵的买卖物，在主张未果时方能解除合同、降低价金或请求损害赔偿以替代给付。《德国民法典》这一规定，一方面考虑到了大多数情况下买受人订立合同的利益所在，另一方面考虑了出卖人利益的实现与保护。因为如果不赋予买受人继续履行请求权的优先地位，在标的物存在权利瑕疵的情况下，出卖人随时面临买受人轻易解除合同、降低价金或承担损害赔偿的不利状况。买卖合同的作用除了要保护买受人的利益之外，同样要兼顾出卖人利益的实现与保护。赋予买受人继续履行请求权的优先地位能够使出卖人和买受人双方遵守"诚实信用原则"，尽力履行合同义务，在买受人的利益得以保全和实现的情况下，这同时使出卖人也能够享受到合同利益，免予遭受其他不利。

当第三人向买方主张标的物的权利时，买方进行救济或诉讼是其维护自己对标的物的权利的必然结果。而此时卖方已经违反了权利瑕疵担保的义务，因此由卖方承担买方支出的正常费用和诉讼费用是适宜的。根据公平原则，卖方应对其不合理地转移有权利瑕疵的标的物于买方而使其遭受的损失承担责任。

因此我国《合同法》应明文规定出卖人违反权利瑕疵担保时，买受人应先向出卖人主张继续履行以获得没有瑕疵的买卖物。在主张未果时方能解除合同、降低价金或请求赔偿，并将买受人因标的物被追夺而支出的诉讼费用和其他正常费用列入卖方权利瑕疵担保责任范围。

第五章　格式买卖合同

一、格式买卖合同的概念和特征

（一）格式买卖合同的概念

格式买卖合同是指买卖合同条款由一方当事人预先拟定，另一方当事人只能全部接受或一概拒绝，不能与对方协商的合同，即格式买卖合同不是由缔约双方充分协商而订立的，而是由一方提出合同的主要内容，而另一方只能做概括地接受或不接受的决定。格式买卖合同是与商议买卖合同相对的一种合同。

尽管各国立法及司法实践对于格式合同的称谓及概念不尽相同，但格式买卖合同并没有独立于格式合同的概念和特征，格式合同的概念和特征实则就是格式买卖合同的概念和特征。

格式合同，或称为附和合同、定式合同、附从合同、标准合同、定型化契约。在我国，格式合同也非共同接受的名称，有的学者称之为标准合同，有的称之为附从合同、定式合同。《消费者权益保护法》将其称为格式合同。《合同法》称之为格式条款。也有学者将其定义为"一方当事人或者政府部门、社会团体预先拟订条款或印制成固定格式以供使用的条款"。《法国民法典》将格式合同称为附合合同。附合合同是与商议合同相对的一种合同，即不是由缔约双方充分协商而订立的，而是由一方提出合同的主要内容，另一方只能做"取与舍"的决定。德国法将格式合同称为"一般条款"或"一般交易条款"，是指契约一方当事人为了供将来订立多数契约之用而预先制订，并于订立契约时，提供给相对人的所有契约条款。不论该约款是否构成契约的另一单独部分，也不论是否纳入合同文件内，也不论其范围、书写方式和采用的形式如何，都属于一般契约条款。日本法将格式合同称为普通契约条款。葡萄牙法和澳门法采用加入合同的概念。《国际商事合同通则》则采用标准条款的概念。

（二）格式买卖合同的法律特征

1. 格式合同具有单方事先拟定的特点

实践中格式合同多为提供商品或者服务的一方制定并提出，对方当事人不直接参与合同的制定。但是格式合同是合同类型的一种，具备合同的本质属性。当事人双方虽然存在事实上的不平等，但它仍然是当事人双方意思表示一致的结果。相对方仍然有选择是否表达自己意思并对格式条款予以承诺的权利。法律要求提供格式条款的一方应当遵循公平原则确定当事人之间的权利义务，并应采取合理的方式履行告知义务。

2. 格式合同的要约具有广泛性、持久性和细节性

格式合同的要约一般向广大公众发出，涵盖了某一特定时期所要订立的全部合同内容，并且包含和确定了合同的具体条款。

3. 格式合同具有稳定性、不变性、定型化的特点

所有的格式合同条款在一个时期之内内容格式稳定不变，构成密不可分的统一整体，并已定型，他人只有完全同意才能成为缔约的一方当事人，不能就合同条款讨价还价加以改变。

4. 格式合同以书面明示为原则

格式合同多由提供商品或劳务的一方当事人印刷成书面形

式，原则上提出合同条款的当事人将合同条款明确印制于一定凭证之上，以便对方当事人了解。实践中不排除非书面形式的格式合同，当然这毕竟占少数。

5. 格式合同的一方在经济方面具有绝对优势地位

在格式合同中，处于优势的一方便于其将拟定的条款强加于对方，这表现出格式合同法律上或事实上的垄断。格式合同的双方从理念上法律地位平等，但往往存在事实上的不平等性。使用格式条款的一方往往是处于垄断地位、经济实力雄厚的企业。而相对人在订立合同的过程中则居于附从地位，对于使用人提出的格式条款并无或欠缺实际磋商交涉的机会，只能概括地接受或不接受。缺乏平等磋商的机会是格式合同的实质性问题。

（三）格式买卖合同的利弊分析

1. 格式买卖合同的优点

其一，格式合同在提高交易效率，降低交易成本上，具有明显的优点。格式合同改变了传统的订约方式，免除了传统的要约、反要约、再要约的繁琐订约程序，加快了交易速度，节约了企业成本，降低了交易价格，不仅对合同条款制定人一方，而且对消费者及整个社会都有益处。现代的商业环境中交易高速的进行，特别是在交易频繁的商品、服务、运输行业，不可能与个别的消费者逐一订立合同。格式合同内容上的格式化、特定性精简了缔约的程序，适应了现代商业发展的要求。

其二，格式合同条款周密细致，专业性强，有利于减少纠纷。格式合同往往是由本行业业务经验丰富的专家经周密斟酌制定而成，充分考虑合同的各种情况，吸收成熟的合同经验，具有预见性、稳定性，能够比较全面地明确权利义务及责任划分，便于当事人正确履约，避免纠纷。

其三，格式合同可以维护交易安全，预先分化风险，预测潜在的法律责任，将风险转移给第三人。这是格式合同的安全价值。

其四，格式合同以书面形式明示，权利和义务明确。个别条款经过反复实践运用，能使企业进行合理的规划生产和经营以适应市场的需求，避免了"偶发事件"的影响。

其五，格式合同体现国家政策，便于宏观调控。公用事业部门可通过预先制定合同条款把国家调控经济的意志贯穿到合同之中，进而起到引导消费方向、调控经济结构的宏观调控目的。市场经济是一种调控的经济，国家的合理干预对于其健康发展具有重要的意义。格式条款具有预先拟订性，其中国家专门政府机关统一制定是其中一种方式，另外国家也可利用行政优势加强审核调控力度，以此顺利地对经济进行政策经济调控，这样便使得国家经济发展通过合同的形式稳定化、计划化、可控化了。

其六，格式买卖对于不特定当事人具有公平的价值，在现代商品交易与交换合同中，公平是一个最基本的原则，倡导公平与谴责不公是法律的价值所在。由于格式合同的条款是为了大量重复使用而事先拟订的未与对方协商的条款，同时又具有确定性与连续性，它不会因当事人的合同地位、履行能力以及社会地位的不同而修改条款，这为不同条件的人提供了自由交易的公平机会，体现了法律的公平价值。在现代合同关系中，合同当事人的经济地位、交涉能力、经验、法律知识层次，以及拥有的交易信用是不均衡的，特别是公用事业的发展，造成了不可能单独订立合同的情形，若容许单独订立合同，反而造成不公平情形的出现；而公用事业领域"大众化"的格式合同为消费者的结构扩展创造了条件。不特定合同相对人力量积聚，形成了合同当事人双方力量均势抗衡，以提高社会公众与法律对格式合同的监督力度，平衡当事人之间的利益关系，维护合同的公平性。

现代市场交易活动中，随着高新技术在生产和生活经济各个领域的广泛应用，格式合同当事人不可能对未来作出完全确定的预测，不确定或偶发事件、激烈市场竞争、内在变化的市场行情，需要选择一种相对安全的合同形式以保障交易的安全性。格式合同本身具有的安全价值及预先性、确定性、稳定性的特点，适应了市场交易的需要，保障了交易的安全性。

2. 格式买卖合同的缺点

在格式合同的效率、安全等价值为人们肯定的同时，其所诱发的弊端同样十分引人注目。

首先，格式合同当事人地位不平等。格式条款多由具有垄断地位的公用事业单位部门制定，其与作为合同相对人的消费者在经济实力、诉讼能力等方面差距甚为悬殊，导致合同拟定方可以凭借其优势地位损害对方利益，而合同相对方往往只能被动接受合同条款。在实践中某些格式合同存在不公平、不合理规避法律的问题，更有甚者出现了所谓的"霸王条款"，直接损害相对人的利益，造成利益失衡，引发一系列法律纠纷问题。

其次，格式合同对合同自由原则形成了重大的挑战。尽管从理论上讲，相对人对格式合同有决定缔结与否的权利，并且从形式上看，相对人对格式合同条款的接受，本身就是当事人意思自治的体现。然而表面上意思自治的背后，却是事实上相对人对自己难以抗衡的垄断企业和优势力量的无奈服从与妥协，格式合同自由几乎沦为拟订方单方决定合同内容的工具。由于格式合同的本身特点对合同自由原则相对限制，违背了契约自由原则，排除了相对人选择与协商的可能性，在事实上形成了对相对人的强制，这就使得缔约地位的平等掩盖了事实的不平等，使当事人处于更加不利的地位，也违背了民法与合同法的基本原则，最典型的就是契约自由、平等公平、诚信原则，损害了消费者的正当权益。由于提供格式条款的一方在经济方面具有绝对的优势，它可以将条款强加给对方当事人，从而使对方失去讨价还价的机会，格式条款由制定方预先提出，相对人无从参与制定或决定合同内容的过程。虽然从表面看，相对人接受了合同条款，但其背后却是相对人被迫屈服强大垄断企业及其他组织经济势力的事实。正如一个西方经济分析家形象尖锐的描述：一个普通者与一个公司的交易无疑是一个手无寸铁者在一个手持尖刀顶着其喉咙的强者面前完成交易。

最后，风险分配不公平。出于行业利益的考虑，格式合同制定者往往选择有利于自己的方式扩大免责范围，加重对方责任，将风险过多地转嫁于相对人。这在缔约条件不平等的基础上又进一步将合同相对方推入不利境地。格式合同往往制定有利于拟定方而不利于相对人的内容，因为格式合同具有预先拟订性和单方决定性，为了追求利益的最大化，格式合同拟定一方几乎很少或完全不考虑相对人的利益，而这使得格式合同往往成为他们垄断和强制压迫消费者的工具。风险不对等主要有以下几种情况：第一，免除己方责任，加重对方责任，不合理分担风险。第二，剥夺限制相对方权利，限制其寻求法律救济，规定不得提起诉讼，而只能由自己指定的仲裁机关仲裁。第三，赋予自己自身权利。具体情况可以分为：赋予自身任意解除合同的权利，赋予自己代理对方的权利。

二、格式买卖合同的产生

格式合同的产生及其普遍运用是基于一定的社会经济基础的。一般而言，某一行业垄断的存在、交易内容的重复性、交易双方所要求的简便和省时等情况导致了格式合同的存在并大量运用于商事生活领域。

格式合同的出现有其深刻的经济原因和社会背景，在简单的商品交换时代，由于商品交换很难形成规模交易，交易合同的订立均需要当事人的具体协商。到了自由资本主义阶段，资本主义生产方式确立，社会科技与生产力得到飞速发展，社会商品与生产资料得到一定的丰富，格式合同的产生有了物质基础。其后，"合同自由"成为合同赖以建立的理论基础，表现在法律上便是注重当事人意思一致的内容，而轻视意思表示的形式。"合同自由"被认为是神圣不可侵犯的权利。合同法律上注重规范赋予当事人自由订立合同以排除法律的适用，诺成合同、非要式合同就得到飞速的发展，例如《法国民法典》第 1134 条第 1 款规定"依法成立的契约，在缔结契约的当事人间有相当法律的效力"。在垄断阶段，随着资本主义商品经济的高速发展，垄断性大企业的形成与发展，以及公用事业的私营化，19 世纪保险业与铁路运输业开始出现了格式合同。20 世纪 20 年代后公用事业广泛的采用格式合同。40 年代后，格式合同在商业领域盛行，到了近代格式合同在我们生活中已随处可见。

随着计算机技术的发展与广泛应用，网络时代、电子商务的到来，一些网络公司纷纷使用拆封合同和点击合同，在西方发达国家，合同总数的 99％为格式合同。格式合同本身使用简捷、省时、经济，体现了经济生活高速效、低耗费的特点与交易高速度的要求，这是格式合同产生的直接原因，学者们概括出格式合同产生的三种社会动机：一是缔约行为产生的强制性的倾向；二是缔约、履行大量发生并不断重复；三是以大量生产消费为内容的现代生活关系，使得企业与顾客均希望能够简化缔约的程序。

另外，垄断的出现、市场经济的高速发展、社会生产力得到极大的提高也是格式合同产生的重要原因，垄断者用自己强大的经济实力和优势地位，谋求不公平利益，而格式合同成为一种他们手中最容易掌握的工具。

由此，我们可以看出商品经济的高速发展、交易内容的重复性以及社会对交易简洁、省时高效的要求，导致了格式合同的泛滥。

三、对格式买卖合同的规制

格式合同是一把双刃剑，在给买卖交易带来便利的同时，也隐含各种法律风险，如果立法不能够对格式合同进行很好的规范，很可能造成格式合同泛滥成灾、市场交易与经济秩序混乱，从而摧残、侵蚀民法、合同法体系，并使得格式合同沦落成为经济强者分割经济弱者的得力工具。因此，如何在坚持民法与合同法的基本原则下，健全格式合同立法、司法、行政、法律监督等综合调控，维护合同公平正义，保护广大消费者利益就成为我国法制建设所面临的艰巨任务。

如前所述，格式合同的出现虽然改变了传统的订约方式，但对合同自由原则形成了重大的挑战。据此各国纷纷对格式合同进行规制。规制格式合同的方法，各国法制不一，但一般来说主要有四种，即立法规制、司法规制、行政规制和其他规制。其中立法规制起着十分重要的作用。

（一）格式买卖合同的立法规制

格式买卖合同的立法规制是指通过立法规定格式合同的有效、无效条件，格式合同的解释原则和规则，调整格式合同的程序、格式合同无效或被撤销的法律后果。立法规制为各国和地区控制格式合同的通用方式。这其中又常常采用两种方式：一般法规定和特别法规定。

一般法规定是指在民法典或商事法典中对不公平条款加以规定，这种规定通常较为原则和笼统。如《意大利民法典》列举"黑条款"，写明此种"黑条款未经当事人特别书面协议不生效力"。特别法规定是指通过专门立法对不公平条款进行限制，如1976 年的《德国—般合同条款法》、1977 年英国的《不公平合同条款法》。

我国民事立法中尚未对格式合同的问题加以一般的规定。我国《合同法》第 39、40、41 条对格式条款的规定，可以理解为是法律对格式合同的专门规定。合同法对格式条款作了三方面的规定：第一，规定了提供格式条款一方应尽的义务（包括提示义务和说明义务）；第二，直接规定某些条款无效，如免除故意和重大过失责任的无效，免除人身伤害责任的无效，违反法律和公共利益的无效，免除自己主要义务、加重对方责任、排除对方主要权利的条款无效；第三，规定格式条款的解释原则，有通常解释原则和有利于对方当事人解释原则，并规定格式条款和非格式条款不一致的，应当采用非格式条款。

（二）格式买卖合同的司法规制

格式买卖合同的司法规制是指法院依据法律之规定，对格式合同条款效力加以确定，它属于事后补救，仅适用于个案。

司法规制是对格式合同的事后救济，主要采用两种方式：一是适用法律对合同的强制或禁止性特别规定，判决违反法律规定的合同强制或禁止性条款无效；二是适用民事法律的一般原则，对格式条款进行解释，它是司法控制的重要方面。此类原则的弹性大，适用范围宽，是控制不公平条款的主要方法。

大陆法系和英美法系在格式合同的司法规制方面各有其特点：大陆法系国家的司法规制是利用民法规定的诚实信用原则、公序良俗原则、公平原则等来实现的，而在英美法系国家则是利用其固有的判例法来实现的。

（三）格式买卖合同的行政规制

在对格式合同进行规制的各种方法中，以行政控制为最早，也是各国现行合同制度中的最普遍做法。它通过政府行政权力对格式合同的内容予以法律意义上的认可、许可、核准和监督，具体可归纳为使用前行政许可制度和使用后监督制度。

德国和日本对特种行业的格式合同实行强制性的使用前许可制度。德国纳入行政许可范围的特种行业是保险、建筑、银行等行业。日本纳入此范围的特种行业是保险、电器、煤气、运输、旅馆、分期付款业等行业，这些行业的格式合同在使用前必须呈报行政机关审核，以得到行政许可。法国和英国采用对格式合同的使用后监督制度，由专门的政府组织机构对正在实行的格式合同条款予以审查，对认为是不公平的条款就发布禁止使用的禁令。在英国，1973年的《公平交易法》授权英国国务大臣根据消费者保护顾问委员会的建议发布命令，对不公平交易进行管理，有权发布禁令，禁止不公平契约条款的使用。

我国《合同法》根据世界各国立法的经验，在《合同法》第127条规定："工商行政管理部门和其他有关行政主管部门在各自的职权范围内，依照法律、行政法规的规定对利用合同危害国家利益、社会公共利益的违法行为，负责监督处理；构成犯罪的，依法追究刑事责任。"这项规定，是国家利用行政手段进行合同干预的法律依据，而且从该条文中也可看出，行政干预的范围只限于"利用合同危害国家利益、社会公共利益的违法行为"。对格式合同而言，国家通过行政手段进行干预也只定位于格式合同的公平性方面，而不是具体的合同关系。

（四）格式买卖合同的其他规制

其他规制表现为两个方面：

一方面是指行业自律，由各商业行业协会等民间自律组织对合同条款进行审查和监督，从而取消或限制某些不公平条款之使用。对公平合理的格式合同予以认可，对显失公平者不予承认。如"英国皇家建筑协会标准合同条款"、日本"公共工程标准包工合同条款"均是行业自律的结果，对这些国家的格式合同发展起到了重大作用。但行业自律规范的前提是基于对使用格式合同的企业或行业协会的充分信任，相信它们能够自觉地按照法律要求，使格式合同不仅对企业本身有利，而且同时也有利于合同相对人。但是，一旦企业不自觉维护合同内容的公平，则行业自律规范将化为乌有。

另一方面就是其他社会团体的规制，主要是通过消费者组织对格式合同的控制。其他社会团体所能发挥的作用主要表现在以下方面：与工商企业协商，建议其不使用特定的格式合同条款，调解消费者与工商企业的纠纷，建议有关机关管理或取缔特定的格式合同条款，对不合理的格式合同条款向法院提起诉讼。

四、我国格式买卖合同制度的完善

我国《合同法》对格式条款进行了全面的立法规制，《合同法》第39、40、41条分别规定了格式条款的订立、效力、解释规则。这对于规范格式合同，保护消费者的利益是非常必要的。但这些条款还存在着一些不足，需要修改和完善。

（一）格式条款的订立

《合同法》第39条第1款规定：采用格式条款订立合同的，提供格式条款的一方应当遵循公平原则确定当事人之间的权利和义务，并采取合理的方式提请对方注意免除或者限制其责任的条款，按照对方的要求，对该条款予以说明。该条款通过为格式条款制定方设定义务的方式，从积极和消极两个方面规定了格式条款的订立规则，即提供格式条款的一方没有尽到提示义务或者拒绝说明的，该条款视为未订立；该条款不公平的，也视为未订立。归纳起来，格式条款制定方的义务主要有：

第一，格式条款制定方应当遵循公平原则来确定当事人之间的权利和义务。《合同法》明确规定格式条款的制定方不得利用自己的垄断和优势地位强迫对方接受一些不公平的条款，不得通过单方制定的条款来不合理地分配合同上的权利和义务。应当说，其立法目的是通过为格式条款制定方设定这一义务，来平衡当事人之间的利益，纠正基于缔约地位的差别而产生的不平等。但是，在实践中，如何解释和适用公平原则还是一个颇具争议的问题，所以该项规定原则性过强而实际操作性偏差，所起的作用非常有限。

第二，格式条款制定方的提请注意义务和说明义务。提供格式条款的一方在订约时，有义务以明示或者其他合理的、适当的方式提请相对人注意免除或者限制其责任的条款，并按照对方的要求，对该条款予以说明。该提请相对人的注意应当达到合理程度。那么如何认定一项提请注意是否合理？《合同法解释（二）》第 6 条规定：以足以引起对方注意的文字、符号、字体等特别标识，并按对方的要求予以说明。

英国法对此形成了一套较为完备的规则，可供借鉴。它主要依据以下五个方面的因素进行判断：①文件的外形。从其外在表现形式来看，应当使相对人产生它是规定当事人权利义务关系的合同条款的印象，即文件的外形应能引起相对人注意，并促使其阅读文件。②提请注意的方法。根据特定交易的具体环境，提供格式条款的一方可以向相对人明示其条款或以其他显著方式如广播、张贴等公告形式提醒相对人注意。在这两种提醒方式中，应当尽可能采用个别提醒，而以公告方式为例外。③清晰明白的程度，即提请注意时所使用的文字语言必须清楚明白。依英国法，如果文件上没有任何引人注意免责条款的语句，或者上面的语句被邮戳掩盖难以辨认，或者免责条款被大片的广告掩盖，该免责条款即不能被认为已订立合同。④提请注意的时间。免责条款必须在订立合同前或订立过程中出示，因为只有在此时出示，才能让相对人对影响订约的全部因素有所了解，并对是否订约做出真实的意思表示。若在合同订立之后出示，除非相对人对此予以认可，否则不能认为已订立合同。⑤提请注意的程度。提请注意应当达到足以令相对人注意免责条款的程度。

此外，根据该条款的规定，格式条款的制定方只对免除或者限制其责任的条款才负有提请注意并按照对方要求予以说明的义务，即该项义务仅仅是对格式化的免责条款而言，如果该格式条款不属于免责条款，则条款制作人就不必向对方提示说明。这对于已处于劣势地位的相对人而言显然是不利的。因为除了免除或限制自身责任的情形外，格式条款还有增加其权利、排除相对人某些权利和加重相对人某些负担的情形存在。在这些情形下，由于没有向对方提示说明的义务，格式条款提供方可以利用自己单方制定条款的优势，故意使用晦涩难懂的语言、专业术语或者将这种条款隐藏在浩繁的合同条文中，使相对人在不知情的情况下订立合同，损害其利益。鉴于此，建议将《合同法》第39条第1款修改为：采用格式条款订立合同的，提供格式条款的一方应当遵循公平原则确定当事人之间的权利和义务，并采取合理的方式提请对方注意全部格式条款，按照对方的要求，对条款予以说明。这样修改还可以避免下文中提到的第39条与第40条相互矛盾的尴尬。

另外，我国《合同法》第39条第2款规定："格式条款是当事人为了重复使用而预先拟定，并在订立合同时未与对方协商的条款。"对于该款规定，通说认为有两个问题值得探讨：第一，格式条款是否必须是为了"重复使用"而预先拟定的？首先应当肯定的是：绝大多数的格式条款是为了反复使用而不是只为了一次性使用，格式条款的发展过程已足以向我们说明这一点。正是因为有许多交易活动的内容相对固定而又是不断进行的，才会产生可以重复使用的格式条款，以节约时间和费用，从而大大降低交易成本，提高交易效率。但同时我们也要看到有的格式条款只使用一次，并没有重复使用。第二，格式条款是订立合同时"未与对方协商"的条款，还是"不能与对方协商"的条款？所谓未与对方协商，应当理解为在订立合同时没有与对方协商，但这并不必然意味着该条款是不能协商的。有的条款是可以协商的，但由于某种原因相对人并没有与制订人协商，或者相对人自愿放弃了与对方协商的权利，这些条款订入合同后就是"未与对方协商"的条款，那么它们是格式条款吗？笔者认为答案是否定的，也就是说格式条款只能是"不能与对方协商"的条款而并非"未与对方协商"的条款，法条中"未与对方协商"的表述是不准确的。建议修改为：格式条款是由一方当事人预先拟定，对方只能表示全部同意或不同意，并在订立合同时不能与对方协商的条款。

（二）格式条款的效力

《合同法》第 40 条规定：格式条款具有本法第 52 条和第 53 条规定情形的，或者提供格式条款一方免除其责任、加重对方责任、排除对方主要权利的，该条款无效。根据该条规定，我们可以看出在以下三种情况下，格式条款是无效的：

第一，属于《合同法》第 52 条规定情形的格式条款无效。《合同法》第 52 条规定，有下列情形之一的，合同无效：①一方以欺诈、胁迫的手段订立合同，损害国家利益；②恶意串通，损害国家、集体或者第三人利益；③以合法形式掩盖非法目的；④

损害社会公共利益；⑤违反法律、行政法规的强制性规定。这是合同法关于无效合同所作的规定。关于这些规定，应结合上位法《民法总则》的规定进行确定，当格式条款具备了《民法总则》第144、146、153、154条的规定的四种情形时格式条款当然无效。（参看本书第三章买卖合同的无效）

第二，属于《合同法》第53条规定情形的格式条款无效。《合同法》第53条规定，合同中的下列条款无效：①造成对方人身伤害的；②因故意或者重大过失造成对方财产损失的。该条款规定是针对格式化的免责条款而言的。笔者认为，格式化的免责条款也属于免责条款，当具备第53条规定的情形时当然无效，同样没有再做一次特别规定之必要。

第三，提供格式条款一方免除责任、加重对方责任、排除对方主要权利的，该格式条款无效。应该说，除了上面三种情形外，还有其他的情形也应纳入其中，比如"格式条款提供方不合理地增加其权利的"这种情形。由于该条规定采用的是列举式的立法方法，这意味着法条内容表述的不周密，必然会导致对相对人利益保护的疏漏。

那么该条规定与《合同法》第39条第1款的规定是否存在矛盾？学界对此颇有争议。因为根据《合同法》第39条第1款的规定，合同法并未完全禁止格式化的免责条款，只要格式条款提供方采用合理方式提请对方注意并予以说明，该条款仍然有效；而第40条又规定格式条款提供方免除其责任的条款一律无效，与第39条第1款的规定形成了直接冲突。对此，有学者指出这是《合同法》的不足之处。但也有人指出对此应当准确理解：第39条中的免责条款只是对未来可能发生的责任予以免责，而第40条所提到的免除责任是指条款的制作人在格式条款中已经不合理地不正当地免除其应当承担的责任，并且所免除的不是未来的责任，而是现在应当承担的责任。这两条所规定的免除责任的情况是不一样的，是不矛盾的。对此，如果从文字上看，这两个条款确实存在着明显的矛盾，即用相同的语言表示完全不同的含义，这种矛盾势必导致司法实践中的操作混乱。

《合同法》对格式条款效力的规制，采用的是绝对无效原则，即凡是符合以上三种情形的格式条款一律无效。虽然这样规定的目的是充分保障相对人的利益，但在这种情况下赋予相对人请求变更或撤销的权利，即采用相对无效原则更有利于保护其利益。综上所述，建议将第40条修改为：提供格式条款一方不合理地增加其权利、免除其责任、加重对方责任、排除对方主要权利的，相对人有权请求人民法院对该条款予以变更或者撤销。

（三）格式条款的解释

《合同法》第41条规定：对格式条款的理解发生争议的，应当按照通常理解予以解释。对格式条款有两种以上解释的，应当作出不利于提供格式条款一方的解释。格式条款和非格式条款不一致的，应当采用非格式条款。本条款规定的是格式条款的解释问题。

所谓格式条款的解释，就是指根据一定的事实，遵循有关的原则，对格式条款的含义作出说明。格式条款是合同条款，但是又与一般合同条款有所区别，因此格式条款的解释所依据的原则也应当具有特殊性。根据《合同法》第41条的规定，对格式条款进行解释应当遵循以下原则：

首先，按照通常理解予以解释，即以可能订约者的通常的、合理的理解对格式条款进行解释。具体包括：第一，格式条款的解释不应仅以条款制作人的理解进行解释，而更应以一般人的理解进行解释。第二，对某些特殊的术语应作出平常的、通常的、日常的、一般意义的解释。但如果条款所适用的对象本身是具有专门知识的人，并为其所理解，则条款所适用的特殊术语应按原义解释。第三，若格式条款经过长期使用以后，消费者对其中某些用语的理解，与条款制作人制订条款的理解有所不同，此时应以交易时消费者理解为标准进行解释。

其次，按照对条款制作人不利的解释。此项解释原则来源于罗马法上"有疑义者就为表义者不利之解释"原则，后来被法学界广泛接受。确立此项解释原则的主要原因在于：第一，格式条款制定方处于优势地位，相对人有可能在不知晓条款真实内容的情况下接受条款，有时即使是明知如此，也不得不接受。第二，在格式条款中，双方当事人之间经济地位严重不平等。第三，格式条款是单方面制定的，格式条款的使用人已经充分考虑到自己的利益。鉴于以上原因，在解释格式条款时，要尽量考虑相对人的弱势地位，限制条款制定方权利的扩张。此原则充分体现了《合同法》对消费者以及经济上的其他弱者的特殊保护。

最后，按照非格式条款优先于格式条款进行解释。如果在一个合同中，既有格式条款，又有非格式条款，并且两种条款的内容不一致，那么采用不同条款，会对双方当事人的利益产生重大不同的影响。在这种情况下，根据该原则应当采用非格式条款，这也是充分尊重双方当事人的意思，并且在一般情况下也更有利于保护广大消费者的权益。但是，《合同法》却没有考虑到下面的特殊情况：一个合同中，既有格式条款，又有非格式条款，两种条款的内容不一致，但是格式条款对相对人更有利的，此时适用该原则就不利于对相对人利益的保护。这不能不说是《合同法》的一个缺憾。因此，建议修改为：格式条款与非格式条款不一致的，应当采用非格式条款，但格式条款对相对人更有利的除外。

第六章　预约买卖合同

　　预约买卖合同最突出的优点体现在其交易的担保功能上，既能保障当事人订立本约买卖的选择权，又能在较大程度上保障交易的稳定，固定交易机会，防止毁约。在市场中常常由于某些客观原因导致合同无法履行，预约买卖合同能提供给当事人一种考虑选择的机会避免较大损失，预约买卖合同使日益活跃和复杂的经济情势下的交易风险得到释放。

　　最高人民法院《买卖合同司法解释》第 2 条首次在法律上正式承认了预约买卖合同，这对细致处理预约买卖合同纠纷和本约买卖合同纠纷具有重要的法律意义。

一、预约买卖合同的概念和特征

　　预约买卖合同是指因为法律上或者事实上的原因不能立即签订买卖合同，从而约定在将来某个特定时间签订特定买卖合同的合同。预约独立构成一份买卖合同，将来因履行预约买卖合同义务而签订的买卖合同成为本约。二者是发生在缔约过程的不同阶段的承诺，预约买卖与本约买卖的区分是根据两个合同在订约上的联结，只不过并不是以主从关系为标准，而是以手段与目的关系为标准作出的划分。预约买卖的成立生效仅使当事人负有将来订立本约买卖这一行为的义务，而不负有直接履行本约买卖内容的义务。预约买卖合同具有以下特征：

第一，预约买卖合同具有独立性。预约买卖合同完全符合合同成立的构成要件，是独立的合同并不依附于本约买卖。《买卖合同司法解释》第 2 条明确采用了独立契约说，肯定了预约是独立合同的法律地位。

第二，预约买卖合同发生阶段具有特殊性。预约是锁定交易的一种手段，而真正的目的在于签订本约买卖合同，因此预约买卖合同仅仅发生在本约买卖合同的磋商阶段，在本约买卖合同尚未成立之前。

第三，预约买卖合同效力具有特定性。预约买卖合同是一种债权契约，其内容是要求当事人在将来履行一定的行为，即订立本约的义务，且基于此义务产生缔约的请求权，而与本约所规定的合同义务，如支付价款、货物等内容无关。如当事人违反预约买卖合同，拒绝订立本约买卖，另一方也只能请求法院强制对方订立本约买卖合同，而不能直接要求对方承担违反本约买卖合同的责任。

第四，预约买卖合同保护的是期待利益。预约买卖合同是为了将来签订本约买卖合同，内容是对将来签署正式合同文本的意思表示，合同条款通常不完整，需要进一步磋商；而本约买卖合同则是对正式合同内容的详细性描述，需要明确规定当事人的权利义务及违约责任等条款。预约买卖合同和本约买卖合同的目的不同，表现在合同内容上侧重点也是不一样的，预约买卖合同保护的是预期订立本合同的一种期待利益。

第五，预约买卖合同和本约买卖合同的履行方式也不同。预约买卖合同的履行方式是要求当事人将来完成磋商缔约而签订合同的一种行为，而本约买卖合同的履行方式则依据本约履行买卖义务的行为。对于违反预约买卖合同的法院可以判决强制签订本约买卖合同，而不能直接判决违反本约买卖合同的合同责任。

预约买卖与意向性声明不同，意向性声明是当事人对将来打算订约的说明或陈述，是对磋商结果阶段性的描述，其主要作用是记录缔约过程、证明信赖关系等，原则上不具有法律约束力。在意向性声明中可能也包括了对未来合同主要条款的描述，但是缺乏明确的、肯定的受约束的意思表示，在意向性文本中常常用到"可能""进一步考虑"等具有不确定含义的词语，即便他人对该声明作出同意的表示也不能成立合同。而预约买卖合同是独立的合同，一旦成立对双方当事人都具有法律效力，形成缔约请求权。意向书签署后除了基本的先合同义务外，当事人不承担任何责任，但是其并非没有任何效力，它可以证明当事人信赖利益的存在，可以作为证明对方缔约过失责任的证据。

在实践中，意向书的应用十分广泛。意向书在实质特征上不同于预约买卖合同，但经常在名称上混乱使用，以至于在实践中经常出现争议。《买卖合同司法解释》第 2 条将意向书作为一种预约买卖合同，这只是对在名称上为意向书而实际上为预约买卖合同的肯定，主要也是针对实践中意向书不规范使用的考虑。但这一做法对预约买卖合同的定义过于宽泛，不免让人混淆，应当做出更为明确清晰的规范。

二、预约买卖合同的效力与违约责任

（一）预约买卖合同的效力

关于预约买卖合同的法律效力历来就有争议，目前学术界主要有以下四种观点：第一，必须缔约说，即预约买卖合同一旦成立，在当事人之间生效以后，除法律明确规定的事由以外，应当签订合同达成本约买卖。第二，必须磋商说。当事人之间一旦达成预约买卖合同，双方就必须在将来的特定时间就签订本约买卖合同的相关事项进行磋商谈判，而不对最后签约做出硬性要求。

第三，视为本约说。如果预约买卖合同所规定的内容已经符合本约买卖合同的要求，那么预约买卖合同无意义而直接将其视为本约买卖合同。第四，内容决定说。内容是判断预约买卖合同效力的主要依据，根据内容是否具有本约买卖合同的主要条款，如果有则产生必须缔约的强制责任，否则仅产生磋商的效力。

就目前实践与理论的主流来看，必须缔约说占据主要地位。首先，必须磋商说存在严重缺陷。由于磋商仅是阶段性的过程而并非最终结果，那么会造成实践中很多磋商仅仅走过场，流于形式，导致恶性竞争，而不利于对诚实守信之人的保护。其次，内容决定说虽然在理论上可行，但在实际中缺乏操作性。部分地区法院系统的人员业务水平参差不齐，不同性质的合同内容也千差万别，且探究当事人的真意也十分困难，这样一来容易导致司法实践的混乱。最后，视为本约买卖说仅仅将内容确定具体的一部分作为本约买卖合同处理，而对于实践中经常存在的约定内容不明确的预约买卖合同就直接否定了其存在，不符合理论实践。必须缔约说不仅可以约束当事人谨慎从事缔约行为，而且有利于加大对恶意缔约人的制裁力度，保护诚信当事人为预约买卖付出的成本，更能体现预约买卖合同的价值。在笔者看来，必须缔约说确实是当下社会实践下最好的选择，但是为了避免过于严苛死板，导致偏向保护一方当事人的权利，而过多限制另一方当事人的选择的情况，应贯彻《合同法》的基本原则，在遵循预约买卖合同必须缔约说的前提下，依照一般合同的规定肯定当事人自由约定的效力，允许情势变更下合同的撤销变更等，以原则与灵活相结合，更好平等保障当事人权利。

（二）预约买卖合同的违约责任

关于违反预约买卖合同的责任，《合同法》未有明文规定，一般认为，预约责任只能是继续履行、损害赔偿、违约金及适用定金罚则。《买卖合同司法解释》第 2 条规定：当事人签订认购书、订购书、预订书、意向书、备忘录等预约合同，约定在将来一定期限内订立买卖合同，一方不履行订立买卖合同的义务，对方请求其承担预约合同违约责任或者要求解除预约合同并主张损害赔偿的，人民法院应予支持。

1. 继续履行责任

继续履行是承担合同违约责任的一种重要方式，指一方当事人违反约定，不履行合同义务，法律强制义务人继续履行原合同以实现债权的责任形式。预约买卖合同的强制履行实质就是法院能否判决强制签订本约买卖，学界现在存在肯定说与否定说的争议。

肯定说认为作为一种独立的合同，预约买卖合同当事人当然有请求法院强制履行的权利。为保障当事人履行利益，在一方当事人不积极做出意思表示时，对于合同的不完整问题，完全可以利用较成熟的合同的漏洞填补规则，通过合同解释解决问题为强制履行提供了实际可行之法。并且德国、日本以及我国台湾地区都采取这一做法。合同法中规定了强制履行的例外，但是预约买卖合同履行标的是行为，不是非金钱债务，不属于例外情形。

否定说认为，在我国合同法中既然明确规定了强制履行的例外，那么作为合同的一种，预约买卖合同也并非一定都适用强制履行。法院通过合同解释让当事人强制缔约，那么这些重要条款很有可能违背当事人的意思自治，有悖于强制履行理论。

笔者赞成肯定说，预约买卖合同的责任不应该排除强制履行。首先，预约买卖合同的价值就是担保将来订立本约买卖合同，当事人基于这一追求进行磋商准备，投入了大量成本。如不能强制履行，那么预约买卖合同毫无价值。并且并非所有预约买卖合同都能通过赔偿损失得到合理的弥补。其次，继续履行并不违反合同自由，二者并不矛盾，自由需要在法律的约束下才能更好地贯彻。当事人既然自由约定了合同种类、标的等，那么一旦缔约就应当受到合同条款的约束，应严格按照之前达成的合意来履行合同。法院作出的继续履行的判决，是当事人在预约买卖合同中已经约定好的，并不是法院所作出的，因而并不违反自由原则。最后，从经济效益上来看，可以尊重市场机制对资源的配置作用，法院对于损害赔偿问题，完全可以交由市场确定，这不仅可以节省当事人的二次谈判成本，还能保障合同与经济生活的稳定性。

2. 赔偿损失责任

赔偿损失是最常见的一种违约责任承担形式，指违约方因不履行或不完全履行给对方造成损失，依法或依约承担损害赔偿责任。关于预约买卖合同可以适用赔偿损失的问题，学界并无争议，当前主要的争论集中在赔偿损失的范围上。

首先，预约买卖合同违约赔偿总的范围是履行利益还是期待利益。目前对于期待利益的概念范围尚存有争议。相对于本约买卖合同，违反预约买卖合同的行为既是预约的违约行为，也可以视为本约买卖合同的缔约过失行为，所以在理论上可以认为可能发生违反预约买卖合同的违约责任与本约买卖合同缔约过失责任之竞合。在此基础之上，预约违约损失总体上应当相当于本约的缔约过失责任范围。此范围即指期待利益，即一方当事人由于信赖法律行为的有效性而遭受的损失，应当以不超过履行利益为限。

其次，关于机会损失的赔偿问题，学界目前尚未达成较统一的意见。笔者认为预约本来就是一次机会的交易，通过预约买卖合同来固定交易机会。当事人通过签订预约对合同的大致内容、签订本约的相关事宜有了明确的约定，基于对此的信赖，守约的一方当事人改变自己处境，也很有可能导致丧失了与他人签约的机会。因此，该损失即演变为现实存在的损失，这也就应该包含在期待利益之中，以更好保护当事人利益。

最后，可得利益是否需要赔偿问题。目前大多数学者都认为预约的违约赔偿不应该包括可得利益。预约买卖合同只是签订本约买卖合同的一种手段方式，如未达成本约，仅仅是丧失了一次缔约的机会，并没有完成交易行为，也就没有产生任何经济利益，也就不包括履行合同后可以获得的可得利益。这也是本约与预约在违约赔偿责任方面最大的区别，即本约可能存在可得利益，而预约则不存在。

实务中，主张商品房买卖预约合同的损害赔偿应包括房价的溢价部分的损失，虽然当前法律并无明文规定，但有时商品房预约合同可能已经对标的物、对价作出了明确的约定，当事人对本约的期待利益已经固化，当事人因签订商品房买卖预约合同，可能已发生了相当费用并放弃了众多其他机会，这种损失也应当属于信赖利益范畴，应当在损失赔偿范围之内。

总的来说，违反预约买卖合同的赔偿范围应该结合具体案情，以期待利益作为基准，并且在最高不超过本约的履行利益的基础上，由裁判者结合具体案情，依据诚实信用原则自由裁量。

3. 违约金责任

就商品房预约合同中当事人如果约定了明确的违约金，可以执行违约金责任。关于商品房买卖预约合同违约金问题，可区分两种情形：一是当事人在预约中对违约金作出了约定，应支持违约金责任，如果该违约金的数额与损害不一致，当事人应根据《合同法》第114条之规定主张调整。违反预约合同，关于认定违约金是否过高过低问题，主要还是看如何界定当事人的损失。如前文所述，当前最高人民法院认为"所受损失"主要应参考订立预约合同所支付的各项费用、准备为签订买卖合同所支付的费用、已付款项的法定孳息、提供担保造成的损失等四项内容。二是当事人在预约中没有约定违约金，此时守约方应证明因对方违反预约给自己造成的客观损失，在赔偿数额上，如上文所述，将其限定在本约的信赖利益之内，并且以不超过履行利益为限。

4. 定金责任

商品房预约合同中的定金责任，就是买卖双方当事人在购房预约合同成立时或者未履行时，一方向另一方支付一定数额款项作为定金，以担保双方按照约定订立买卖合同的义务。此时的定金条款并未涉及正式合同中履行的债权，而是担保将来订立正式商品房买卖合同，因此只要任何一方拒绝订立合同就要承担定金罚则的后果。关于预约合同中的定金责任应注意下面几个问题：

首先，关于商品房预约合同的定金性质问题，学者有不同的看法，主要是"立约定金"与"违约定金"的争议。笔者赞成预约中的定金兼具立约定金与违约定金的双重属性，理由是：第一，双方当事人约定定金的目的在于保证双方当事人后续订立合同，而不是保证商品房买卖合同的履行，定金担保的不是债权而是行为的履行。从成立时间上来看，无论是定金的设立还是支付都是在商品房买卖合同成立之前。这种定金关系只要一方拒绝签订合同就可以适用定金罚则，所以具有立约定金的性质。第二，对于预约合同本身而言，其旨在保障双方诚信订立本约，如果一方拒绝订立本约并且没有任何法定免责事由，就违反了预约合同约定的义务，就应当依约承担定金罚则的后果，所以从这个角度来说预约的定金又具有违约定金的性质。

其次，关于商品房预约合同定金的认定问题。在实践中买卖双方经常将定金与预付款相混淆而引发许多争议。在审判时认定定金的性质应该主要围绕合同条款中是否有关于定金核心特征的描述，如"此款项双倍返还"等，而不应该仅拘泥于合同文本"留置金""担保金"等文字表述，即无论文本是否出现"定金"字样，只要从表述中看出具有定金性质或者明确约定适用定金罚则，就可以认定为定金。在商品房预约合同中，如果没有明确约定买受人不在约定的时间来磋商签订合同定金就不予退还的条款，那么开发商就不能扣留此款项。如约定为预付款的，在未签订合同的情况下就要返还所收费用。在现实中需要购房人在签订商品房认购书的时候应当谨慎对待，明确约定清楚。

最后，关于定金的适用。《合同法》规定：定金作为债权的担保，债务履行后，定金应当返还或抵作价款。给付定金的一方违约，无权要求返还定金；收受定金的一方违约，应双倍返还定金。此规定适用于预约买卖合同。在预约买卖合同中，一般当事人约定定金条款，体现了当事人对本约的"可进可退"的心理，定金在某种程度上是当事人对退出订立本约而可能造成本约损失的预定。为避免市场交易中出现以定金来投机的现象，预约买卖合同在定金数额的约定上应不受《担保法》中关于定金不超过主合同标的额 20％的限制，因为预约买卖合同的标的是订立本约，通常没有明确标的数额的约定。

三、几种预约买合同的比较

（一）商品房预约合同与商品房认购书

预约买卖合同在商品房的买卖过程中运用得最为广泛，通常商品房认购书、意向书或者备忘录就是商品房买卖双方在签署正式的商品房买卖合同之前所签署的合同文件，目的在于确定商品房买卖双方在满足约定条件下正式签署合同的合意。

商品房认购书是商品房买卖双方在签订商品房预售合同或商品房现房买卖合同之前所签订的文书，是对双方交易房屋有关事宜的初步确认。认购书内容一般包括：①买卖双方当事人的基本情况；②房屋的基本情况（如房屋位置、面积等）；③房屋价款计算；④定金；⑤签署正式买卖合同的期限。

审判实践中，对商品房认购书性质的认定，归纳起来有两种观点：一种观点认为认购书就是正式预售合同，因为认购书是买卖双方平等自愿基础上的真实意思表示；另一种观点认为认购书非独立的合同，因为认购书仅是对签订正式合同相关事宜的约定。

通说认为，认购书应属于商品房买卖合同的预约买卖合同，与商品房买卖合同之间是预约与本约的关系，其理由是：首先，认购书是平等主体之间为设立买卖商品房民事权利义务关系而签订的协议，根据我国《合同法》第2条规定——本法所称合同是平等主体的自然人、法人、其他组织之间设立、变更、终止民事权利义务关系的协议，认购书应为独立的合同。其次，认购书是买卖双方就签订商品房买卖合同相关事宜进行的约定，不是对商品房买卖结果进行直接确认，所以也不应属于商品房买卖合同。最后，认购书与商品房买卖合同之间还存在许多不可预测的环节与风险，如果将认购书直接认定为商品房买卖合同，那么开发商在掌握优势信息的情况下，可能附加种种不合理条件，强行要求买方履行此"买卖合同"或承担违约责任，则会严重损害买方的利益。

认购书是预约买卖合同并无太大争议，在实践中由于长线的投资交易存在许多不确定因素，房产销售方往往在签订预约买卖合同后不能按照约定履行合同义务，并且以未签订正式的买卖合同来抗辩。对此，消费者可以以违反预约买卖合同为由诉诸法院，请求承担继续履行或者赔偿损失的违约责任。

最高人民法院在《商品房买卖司法解释》中规定：商品房认购、订购、预订等协议具备《商品房销售管理办法》第16条的规定的商品房买卖合同主要内容，并且出卖人已经按照约定收受房款的，应当认定为商品房买卖合同。该规定采用了虽名为认购书但合同内容满足本约条件时宜认定为本约的严格立场，这正是为了更好保护消费者的利益。因为在实践中出卖人往往利用优势地位滥用权力，在签订本约时消费者并没有充分的话语权，而被迫接受出卖人单方提供的未决条款。这并不是否认预约的独立合同地位，而是对其范围做出了一定缩小与限制，目的是平衡当下商品房买卖过程的买卖双方的不平等地位，以促进市场经济发展。

（二）商品房预约合同与商品房预售合同

商品房预售合同是指商品房预售方和预购方双方约定，预售方在约定时间内将建成的商品房所有权转移于预购方，预购方向预售方交付定金或部分房款并按期接受商品房的书面协议。根据《中华人民共和国城市商品房预售管理办法》（以下简称《商品房预售管理办法》）规定，商品房预售是指房地产开发企业将正在建设中的房屋预先出售给承购人，由承购人支付定金或房价款的行为。房地产开发企业与承购人就上述行为所签订的合同就是商品房预售合同。

1. 商品房预售合同的特点

第一，预售合同主体的特定性与资质严格性。商品房预售合同的主体是特定的，预售方是房地产公司，预购方一般为法人、合伙组织和自然人等，部门规章对商品房预售合同的预售人的资格有特别的限制，因而，并非任何人都能作为预售人订立商品房预售合同。预售人必须是合法设立的房地产开发企业，根据《城市房地产管理法》第29条的规定：房地产开发企业是以营利为目的，从事房地产开发和经营的企业。设立房地产开发企业，应当具备下列条件：①有自己的名称和组织机构；②有固定的经营场所；③有符合国务院规定的注册资本；④有足够的专业技术人员；⑤法律、行政法规规定的其他条件。

第二，商品房预售合同具有较强的国家干预性。与现房买卖不同，商品房预售合同订立时作为标的物的房屋还未完成，预售方已经收取了预购方的定金和部分房款，但预购方能否在约定时间取得房屋所有权仍存在风险，显然在预售关系的当事人之中，预购方处于弱势地位。为保护消费者权益、规范商品房预售环境，《城市商品房预售管理办法》对于预售商品房的条件做了强制性规定：①已交付全部土地使用权出让金，取得土地使用权证书；②持有建设工程规划许可证和施工许可证；③按提供预售的商品房计算，投入开发建设的资金达到工程建设总投资的 25% 以上，并已经确定施工进度和竣工交付日期。同时还规定未取得商品房预售许可证的，不得进行商品房预售。合同签订后，开发企业应依法办理商品房预售合同登记备案手续等。这些措施都充分体现了商品房预售合同具有较强的国家干预性。

第三，商品房预售合同的标的是还在建设中的房屋，具有不可预见性。商品房预售交易合同是当事人就正在兴建的房屋所进行的交易行为，开发商负有于一定时期内将房屋兴建完成再转移所有权并交付购房人的义务。通常情形，在订立合同时，购房人据以参考的资料，仅为开发商提供的图纸、模型或者开发商兴建的"样品房"。至于房屋完成后的实际面积、建筑材料的品质、公共设施的有无等问题，购房人无法事先预期或预见。而这些问题往往是购房人决定是否进行交易的重要因素。更何况，开发商事后亦可变更设计、增加公用面积，以致完工时的房屋不符合订立合同时的预期约定。

第四，商品房预售合同履行周期长，一般买卖合同成立后，出卖人即负有交付买卖标的物及转移所有权的义务。而在商品房预售交易中，从订立合同到房屋竣工需要相当时日。在房屋建造过程中，开发商本身的履行能力容易因外在因素或者其他因素发生变化。此外，经济景气与否，建筑材料的涨跌，等等，也可能在订立合同后房屋完工前影响房屋的竣工。当然，购房者固然可以解除交易合同，但实际情况是：一则如要解除合同，购房人要受交易合同约定条款的诸多限制，其结果一般而言，总是使购房人处于不利的地位。二则从订立合同到房屋建设竣工前已经过相当时日，在此期间，很可能还出现过其他诸多的购房机会，由于此项交易合同的成立而不在购房人的考虑之中，如要解除合同，不仅此项交易目的不能实现，而其他购房机会也被丧失。三则在房屋竣工前，购房人已投入大量资金，处于进退两难的境地，这使得购房人顾虑重重，也不敢轻易解除合同。如果购房人敢于解除合同，则要损失上万元的资金。

2. 商品房预售合同不是商品房预约合同

有人认为预售就是预约交易行为，二者是相同的概念。虽然预售合同与预约合同的名称相似，但是二者有着本质的区别。预售合同是本约，首先，在商品房预售合同中，预售方与预购方关于房屋的坐落与面积、价款的交付方式与期限、房屋的交付期限、房屋的质量、违约责任等都有明确的规定，双方无须将来另行订立一个房屋买卖合同，即可以按照商品房预售合同的规定直接履行，并办理房屋产权过户登记手续，达到双方的交易目的；而商品房预约合同的内容主要是关于将来缔约的规定。其次，从订立合同的目的来看，预售合同签订后当事人无需再另行签订其他合同，可直接依约请求物权变动进行房屋登记；而预约合同签订后当事人还要在将来特定时间对主要条款再进行磋商，以此再签订正式的商品房买卖合同，此时所签合同既可以是预售合同也可以是现售合同。归根到底，商品房预约合同与预售合同是预约与本约的关系。

3. 商品房预售合同不是期货买卖合同

商品房预售合同的标的物是尚不存在或尚未建成的房屋，所以，房屋的交付期限一般都很长。但将商品房预售合同称为期货买卖合同是错误的。所谓期货买卖合同，是指期货交易所为进行期货交易而制定的统一规定商品的等级或证券的种类和数量、交货期限和地点等的合同，通常采用"标准合同"形式。期货买卖合同具有如下主要特征：

第一，期货买卖的标的物的价格不是当事人事先约定的，而是在期货交易所通过公开竞价的方式确定的；但是，在商品房预售合同中，商品房的价格是双方在订立合同时就已经明确的，而不是通过公开竞价的方式确定的。

第二，期货买卖的标的是合同本身，而不是期货买卖合同中所约定的货物；商品房预售合同的标的物是商品房，而不是合同本身。

第三，期货买卖的主要目的是套期保值和价格发现，而不在于获取现实的货物，所以，在期货买卖中，极少有进行实物交割的；商品房预售合同的目的在于获取房屋，不具有套期保值和价格发现的功能。

第四，期货买卖的商品必须具备数量大、价格波动大、便于储存、易于标准化等条件，如粮食、石油、钢材等。商品房预售合同由于房屋的面积、坐落、单元等方面存在着诸多的差别，不具有标准化的特征，所以在国际惯例上，房屋不是期货交易的商品，不能用于期货交易。

可见，商品房预售合同不是期货买卖合同。明确商品房预售合同不是期货买卖合同，可以避免利用商品房预售合同进行变相的期货交易，以维护房地产市场交易秩序。

（三）商品房预售许可证与商品房认购书效力之间的关系

房屋是关系民生的头等大事，因此国家对商品房销售的管制也就更严格。开发商必须取得商品房预售许可证才能从事预售行为。没有取得许可证签订的商品房预售合同，因违反法律的强制性规定而无效。鉴于商品房预售的特殊性，我国法律、行政法规对商品房预售实行行政许可的监管制度。《城市房地产管理法》第45条、《城市房地产开发经营管理条例》第23条均明确规定，商品房预售应当取得商品房预售许可证明。这就表明我国的商品房预售具有较强的国家干预性。

最高人民法院《关于审理商品房买卖合同纠纷案件适用法律若干问题的解释》第2条也规定，出卖人未取得商品房预售许可证明，与买受人订立的商品房预售合同，应当认定无效。但是在起诉前取得商品房预售许可证明的，可以认定有效。由上可见，无论是立法、行政法规，还是司法解释，预售许可证明均是针对商品房预售行为所做出的强制性规定。

由此我们可以肯定的是无销售许可证签订的商品房预售合同是无效的，但是作为出卖人的房地产开发企业在其未取得商品房预售许可证之前与买受人签订的《商品房认购书》是否有效呢？对此不能简单地认为无效，其理由如下：

《商品房认购书》作为一个独立的合同形式，从其订立的目的、约定的内容来看，通常是为将来双方当事人订立确定性的正式的商品房买卖合同达成的书面允诺，其目的就是通过订立合同来约束双方当事人承担在将来订立正式商品房买卖合同时的义务，与作为本约合同的商品房买卖合同相对应，《商品房认购书》即为预约合同。预约合同只是双方当事人承诺在约定的期限内订立确定性合同即本约的预备性协议，不得因此认定本约已正式订立。预约合同一方当事人仅可以请求对方当事人履行订立本约的义务，不能请求履行本约的内容。预约合同一般表现为认购书、订购书、预订书、意向书、允诺书、备忘录、谈判纪要、定金收据等多种形式。

既然作为预约合同的《商品房认购书》是出卖人和买受人双

方为将来订立作为本约合同的商品房买卖合同所做的承诺，而非正式的商品房预售行为，那么作为法定的商品房预售行为强制性前提条件的商品房预售许可证明就不应对出卖人订立预约合同的行为进行干预禁止。未取得商品房预售许可证前签订的《商品房认购书》等预约合同均为有效。

（四）商品房预售合同中的情事变更

商品房预售买卖合同，是一种远期合同，是可以反复交易（转让）的合同。从市场情况看，有相当一部分商品房预售合同当事人是买预期，买价格预测，其交易具有投机性，不是为获取商品房所有权并实际占有使用，而是为了赚取商品房不同时期的价格差，获取风险效益，许多房地产经营者也确实因此而大大获益。所以当商业风险真正降临到商品房经营者身上时，法律上当然要让其风险自负，"利之所生，损之所归"，这是公平合理的。

商业风险属于从事商业活动的固有风险，任何一个理性的经济人在缔结合同之初对其所从事行业的固有风险均有深刻的体会和把握。通常存在的商业风险，比如供求关系的变化、价格的涨跌均在一定的范围之内，尚未达到异常变动的程度，属于当事人理应承担的市场风险。对于商业风险，法律推定是当事人可以预见的，因此可以归责于当事人。通常，合同的缔结均是建立在一定的商业风险之上的，并且合同价格往往也是在理性考虑了可能的商业风险之后形成的合理价格。

情事变更当然也是一种市场风险，但这种风险不属于固有风险的类型，而是基于异常的变动而产生的常人无法依常理判断的风险，自然不在缔结合同之时可能考虑到的各种风险之内，否则，如果将此类风险也纳入当事人所应该预见的范围之内，显然加重了当事人的注意义务。由于商品房预售合同发生情事变更的原因非常复杂，适用情事变更原则时主观性很强，所以难以认定和掌握。

1. 情事变更与商品房预售市场商业风险的关系

情事变更的一个重要构成条件，是当事人在订立合同时对情事变更的发生不能预见。商品房预售市场的商业风险，是指商品房预售合同当事人因经营失利应当承担的正常利益损失。在商品房预售合同履行中，引起商业风险的原因与引起情事变更的原因有时是相同的。如何区别情事变更与商业风险，直接关系到合同不能履行时当事人是否承担违约责任，承担何种违约责任的问题。在商品房预售合同履行中情事变更与商业风险的主要区别有三点：

第一，二者对造成合同不能履行的客观情况的异常变动的预见性上不同。情事变更适用于当事人对引起客观情况异常变动的原因不能预见，而商业风险发生则是当事人可以预见、应当预见的。风险与利润同在，风险大、利润高，这是房地产市场的普遍规律之一。商品房经营者中，有些人正是预见到了商业风险，而甘冒风险，进行投机交易，希望以风险为代价获取较高的利益。然而商品房市场有赔有赚，因此，这种风险应视为商品房预售合同中应有内容，无需以合同条款来约定。如果风险超出了正常的范围，以至于按照一般从事商品房经营者的预见能力来判断，属于无法预见时，则市场风险的性质就转为情事变更了。

第二，情事变更与商业风险在法律上评价不同。情事变更往往导致当事人利益显失公平，因此，法律上应予再调整；而商业风险虽然也可能导致当事人双方利益不公，但根据合同自由原则在法律上是允许的，在商业习惯上是可以接受的。

第三，客观情况是否发生根本性变化，这也是界定情事变更与商业风险的关键。如果客观情况未发生根本变化，则属商业风险范畴，它是一种量变；如果客观情况发生根本性变化，使商业风险足以导致合同目的不能实现，履行困难，则属商业上的意外风险，属于情事变更，它是一种质变。

如何判断某种市场风险究竟属于情事变更还是商业风险，需要着重考虑三个方面的问题：①风险类型。比如说，某些自然灾害引发市场大幅震荡，这种风险类型往往是在缔结合同时无法考虑到的。或者，发生激荡全球的金融海啸，影响了大多数经济产业，这种风险通常也是无法提前预知的。在一个健康的市场环境下，通常是不会过多考虑这些风险的。②风险程度。即便是某些风险类型属于固有的商业风险，但是其风险程度远远超出了常人的想象，比如说，价格小有涨跌自然可以理解，但如果价格出人意料地猛涨猛跌，就超过了订立合同时的合理预期。③谁主张谁举证。当事人在主张情事变更原则时，自然应当就其所遭遇的情事变更举证证明，表明该情事不是其在缔结合同之时所能预见到的商业风险。

此外，具体判断某种市场风险是否构成情事变更是一个需要进行个案权衡的问题。法官必须结合案件的实际情况综合考虑，不仅要考虑风险类型、风险程度，还要审查当事人的举证情况，同时还应该通盘考虑案件所发生的具体市场环境，最后作出一个最为妥当的判断。

从商品房预售合同来看，发生情事变更主要有以下几种情况和原因：一是因法律修改。如果商品房预售合同订立时即与法律相抵触的，属于非法合同，例如商品房预售方没有取得土地使用证、商品房预售许可证而签订的预售合同无效。如果该合同在订立时并不违法，只有订立后由于法律的变更致使合同不能依法实现的，可视为情事变更。如果当事人在订立预售合同时可预见到法律将要变更，则无权请求情事变更。因为，在这种条件下，当事人理应采取其他合法措施，防止情事变更的发生。二是国家政策性调整。例如国务院文件及其部委有关房地产的临时性规定对价格幅度的调整，以及阶段性的计划方向调整等。最高人民法院

《关于审理房地产管理法施行前房地产开发经营案件若干问题的解答》（以下简称《47条解答》）第31条规定"一方以政府调整与房地产有关的税费为由要求变更合同约定价格的，可予以支持"的法理依据就是情事变更原则。三是地方政府的行政干预。例如甲开发公司在市西部开发区内建造商品房小区，并与预购方乙签订了商品房预售合同；但在合同履行过程中，政府决定将开发区移至市区东部，预售方甲正在兴建的商品房所在地行政划归郊区，原定的小区内配套建设项目也相继下马，预购方乙提出降低售价或要求解除合同的，即可考虑情事变更原则的适用。行政干预必须依法进行，否则干预无效，不能适用情事变更的原则。四是异常的市场风险。异常的市场风险应该明确为，该情事导致商品房预售合同的等价关系被严重破坏，合同目的不能实现。

对于商业风险是不是都不能适用情事变更原则呢？一种观点认为，应当依法保护合同，坚持契约必须严守原则，当事人一律不得以商业风险为由主张情事变更。另一种观点认为，只要商业风险发生，使得合同当事人双方利益不公，就应适用情事变更原则。笔者认为，应对商业风险进行具体分析，正常的商业风险（或叫一般风险）不适用情事变更原则，应适用风险自负原则；意外商业风险（或叫异常风险）可适用情事变更原则。区分两种风险的标准，就是上面提到的情事变更与商业风险的三个区别，为便于掌握这些区别，可在商品房预售的法规中，或者商品房预售的司法解释中，针对房地产市场情况，制定出适用情事变更几种主要市场因素的量的界限，确定一个相对的风险值。但这是个难题，也不宜确定过于具体。法院应就各个具体事件，公平裁量之，未便一概而论，以阻碍此项原则之适应性。

最高人民法院《47条解答》第31条明确解释：一方以建筑材料或商品房市场价格变化等为由，要求变更合同约定的价格或解除合同的，一般不予支持。最高人民法院印发的《全国民事审判工作座谈会纪要》在关于房屋买卖价格问题上也提出：一方因市场价格变动而不履行或要求解除房屋买卖合同的，不予支持。这些司法解释精神与情事变更原则是一致的，充分考虑了商品房预售市场的特点。

2. 情事变更原则适用的实体法效果

情事变更原则的适用，会产生显著的实体法效果，根据变更后的情事，就合同的权利义务进行调整，维持法律关系的平衡。

首先，产生"再交涉义务"。所谓"再交涉义务"，即指受情事变更不利影响的一方当事人有权要求对方与之就合同事项进行重新磋商，以期重新达成协议，继续履行。在合同法立法过程中合同法草案中曾经就"再交涉义务"做出了规定：当事人可以要求对方就合同的内容重新协商。协商不成的，可以请求人民法院或者仲裁机构变更或者解除合同。在受情事变更不利影响一方当事人主张"再交涉"之时，理论上认为，其可以中止履行，待重新磋商完毕达成新协议之后再恢复履行。但是，如果其交涉不成，起诉至法院，法院审查认定其事项不足以适用情事变更原则之时，中止履行一方则应当承担迟延履行责任。这也正是受不利影响的一方当事人在主张情事变更原则时所可能承担的诉讼风险。

其次，产生变更合同的效果。如果双方再交涉成功，即达成新的协议，司法权自无再介入干预的必要。但是，如果双方磋商未果，自然案件会起诉至法院。法院通过审查案件，在确认了的确存在异常的情事变更的情况下，可以以判决的方式就合同关系进行调整。以司法权变更合同，是司法权对经济生活的一种深度干预。通说认为，即便是在双方协商未果、法院介入调整的情况下，法院还是应该充分考虑双方当事人的意见，控制好司法干预的限度。只有如此，以判决变更的合同，才可能获得双方当事人的自觉履行。

最后，产生解除合同的效果。只有在情事变更已经导致合同无法继续履行的情况下，法院才可能判决解除合同。

在适用情事变更原则的时候，司法机关应该尽量争取双方当事人的支持，即便是在双方当事人初次磋商未果而起诉至法院的情况下，法院依然应该促成双方当事人尽可能进行"再交涉"。在变更合同的情况下，也应该尽可能达成双方都能接受的方案。在上述努力都已经用尽，僵局依然无法破除，且无法继续履行原合同的情况下，法院才可以判令解除合同。

第七章　所有权保留买卖合同和分期付款买卖合同

一、所有权保留买卖合同

在买卖中，为了降低买卖合同中买方不付款的风险，卖方可以在出卖其标的物的同时保留对标的物的所有权，直到买方付清款项为止。在买卖合同中经常订立这样的条款就是所谓的所有权保留条款。

（一）所有权保留买卖的含义及特点

所有权保留买卖是指当事人在买卖合同中约定，在卖方交付标的物后，只有当买方充分履行付款义务时，标的物的所有权才能转移到买方手中。在此之前，卖方将一直保留对标的物的所有权，并在买方不履行付款义务时，卖方有追索标的物的权利。所有权保留条款是有利于卖方的条款，它的主要功能是可以使卖方避免不能取得标的物价款的风险，在买方未履行支付价款的义务前，卖方仍享有标的物的所有权，这样可以免去在卖方已交付标的物而买方不履行支付价款的义务时，因所有权已转移可能给自己造成的损害。

在现实生活中，买卖合同标的物的所有权保留又可分为"简单的保留所有权条款"和"扩张的保留所有权条款"。前者是指卖方保留的所有权仅限于出卖的标的物本身而言；后者是指卖方保留的所有权除及于标的物本身以外，还及于买方因处分该标的物而取得的收益，如出售标的物或将标的物的制成品出售。至于采取何种保留方式，须由当事人在买卖合同中或所有权保留条款中约定。当然，这种约定条款必须表达清楚，不留疑问，否则，法院会作严格解释，即认定其效力仅限于具体买卖中的标的物本身。

因买卖合同中附有所有权保留的条款，从而使双方当事人的很多权利和义务具有不同于普通买卖的特点。所有权保留买卖合同的特点如下：

1. 所有权保留买卖对出卖人权利的限定性

在所有权保留的买卖中，当事人的处分权会受到很多限制。从卖方来看，标的物交付以后，卖方仍保留着所有权，但买方依照合同享有对标的物占有、使用、收益的权利，所以卖方在所有权保留期间所享有的所有权并不是一种完全意义上的所有权。由于卖方对标的物的处分权因所有权保留条款而受到限制，所以卖方在标的物所有权保留期间出卖同一标的物时就构成重复出卖行为，其应当对第三人承担违约责任。当然，若标的物必须办理转让登记，因标的物所有权的转移以登记为唯一标准，此时若卖方向第三人转让标的物并已办理登记，则第三人取得标的物的所有权。在这种情形下，卖方要向买方承担违约责任。

2. 所有权保留买卖买受人权利的期待性

从买方来看，买方在未支付价款前，虽不能取得标的物的所有权，但其已实际占有、使用了标的物，并依照与卖方的约定，取得了一种特殊的法律地位，即只要履行了支付价款的义务，就能取得标的物的所有权。在学说上，买方的这种权利被称为期待权。德国民法认为此种权利是指在所有权保留买卖中，买方对标的物所有权的权利,是所有权的取得权。在所有权保留期间,买方还未真正成为标的物的所有权人,故他不得擅自处分标的物,如不得转让,不得以标的物设定抵押担保。若买方有处分行为的,应认定其处分行为为效力未定行为,只有卖方事后追认或买方履行全部义务取得所有权时,处分才有效。在标的物必须办理登记时,因买方无法履行交付义务,构成履行不能,买方应对第三人承担违约责任。在标的物无须办理登记时,若第三人为善意,则依善意取得制度,第三人取得有效,那么买方应对卖方承担违约责任或侵权责任。

(二) 所有权保留买卖出卖人的取回权

出卖人取回权是指在所有权保留买卖中,在买受人有特定的违约行为,致损害出卖人合法权益时,出卖人依法享有的自买受人处取回标的物的权利。对此,《美国统一商法典》的第9—503条及我国台湾地区"动产担保交易法"的第28条均著有明文。德国民法虽未有明文规定,但学说判例认为基于保留所有权本质及其担保债权的功能,买受人不依约定履行义务,清偿不能或其行为违反契约,尤其因不当使用标的物,致危害出卖人的担保利益时,出卖人得取回标的物。

1. 关于取回权的法律性质

关于出卖人取回权的法律性质,主要有三种学说:一是解除权效力说。此说为林永荣先生所倡。二是就物求偿说。此说以王泽鉴先生为代表,并已为我国大陆学者广泛接受。三是附法定期限解除契约说。该说为黄静嘉先生所倡。上述三种学说中就物求偿说为通说。虽然三种学说观点各异,但仍然有其共通之处。出卖人的取回权与再出卖权为两种不同的权利,但上述三种学说在论述取回权制度的法律性质时,皆不约而同地将再出卖程序纳入进行阐述。这或有再出卖程序与取回权有非常紧密关系的缘故。

就物求偿说与附法定期限解除契约说而言，虽然所持观点不同，但在出卖人行使取回权，取回标的物时是否即已发生解除契约此一问题上，却是结论相同，都认为不导致契约的解除。二者所不同的在于出卖人再出卖或买受人已过回赎期不回赎标的物之时，是否发生解除契约的效果的问题上观点各异。

我国《合同法》第 134 条规定了所有权保留制度，但并未对取回制度作任何规定，也未对出卖人取回标的物后再出卖是否发生解除合同的效力作任何规定。然而，依我国《合同法》第 167 条的规定，分期付款的买受人未支付到期价金的金额达到全部价款的五分之一的，出卖人可以要求买受人支付全部价款或者解除合同。此项规定明确赋予出卖人在买受人有一定违约行为时的解除权。虽然此项规定的具体内容有欠周全，片面地强调了出卖人的利益，而对买受人的利益则显然保护不够，但是此项规定明确显示了我国在此问题上的立法取向，即在一定条件下赋予出卖人以解除权。依我国《合同法》第 94 条的规定，当事人一方延迟履行主要债务，经催告后在合理期间内仍未履行的，或当事人一方迟延履行债务或者有其他违约行为致使不能实现合同目的的，或有法律规定的其他情形，另一方当事人可以依法解除合同。因此，在所有权保留买卖中，出卖人取回标的物后，买受人未在一定期限内回赎的，出卖人可以该条规定解除合同。此为出卖人解除合同的实体要件，出卖人如欲达解除合同的效果，则亦需符合解除合同的程序要求。我国《合同法》第 96 条规定，出卖人依 94 条规定解除合同的，以向买受人为解除合同的意思表示为必要，合同自该意思表示到达买受人时发生解除的效力。因此，出卖人于取回标的物后再出卖的，在再出卖之日前一定期间内通知买受人，此项通知则可视为出卖人向买受人为解除合同的意思表示。回赎期已经过，买受人未为回赎且在法定期间内未请求出卖人再出卖，出卖人在法定期间是否可以再出卖的，应区别出卖人有否向买受人为解除合同的意思表示分别对待，不可当然视之为发生合同解除的效果。出卖人如有为此项通知的，则发生合同解除的效力；如未为此项通知的，则不发生合同解除的效力。

2. 关于取回权的行使条件

我国最高人民法院《关于审理买卖合同纠纷案件适用法律问题的解释》第35条规定，当事人约定所有权保留，在标的物所有权转移前，买受人有下列情形之一，对出卖人造成损害，出卖人主张取回标的物的，人民法院应予支持：①未按约定支付价款的；②未按约定完成特定条件的；③将标的物出卖、出质或者作出其他不当处分的。取回的标的物价值显著减少，出卖人要求买受人赔偿损失的，人民法院应予支持。

根据该解释，取回权的行使条件包括：第一，买方未按约定支付价款的；第二，买方未按约定完成特定条件的；第三，买方将标的物出卖、出质或者作出其他不当处分的；第四，买方的行为对出卖人造成损失。

该解释还规定了取回权行使的排除事项，具体包括两种：第一，买受人已经支付标的物总价款的"75％以上"，出卖人不得主张取回标的物；第二，第三人已经"善意取得"标的物所有权或者其他物权，出卖人不得主张取回标的物。

（三）所有权保留买卖买受人的回赎权

1. 回赎权的概念及目的

买受人的回赎权，是指在所有权保留买卖中，出卖人依法行使取回权取回标的物后，在法定或出卖人指定的回赎期内，买受人消除出卖人取回标的物的事由时，重新占有标的物的权利。

实质上，买受人的回赎权，系对于出卖人取回权的制约。买受人回赎标的物的目的在于阻止出卖人就标的物变卖以实现其价金债权，使交易重新回到正常的轨道或秩序中，即通过回赎，使买受人得以依据契约之约定履行债务，继续完成取得标的物所有权所应满足的条件，同时，亦可再次恢复对于标的物的占有与使用。

2. 回赎权的期限及条件

买受人应当在一定期限内行使回赎权。该期限分为法定期限与出卖人指定期限两种类型。对于法定期限，我国台湾地区"动产担保交易法"第 18 条第 3 项规定为出卖人取回标的物 10 日内。指定期限应为出卖人指定的一个不违背诚信原则，不妨碍买受人回赎标的物利益之合理期限。但是对于买受人逾越上述期限于拍卖日前再为回赎的，亦无不可，盖因回赎期之主要目的，既在限制出卖人提前再出卖标的物，借以保护买受人，且拍卖之目的，又无非在于满足出卖人之债权，故买受人于拍卖日前负担费用，履行契约回赎标的物，无妨害出卖人债权之虞者，为保护买受人之利益，应无不许之理。

买受人回赎标的物除负担出卖人取回标的物之费用外，尚需继续履行合同。但是买受人是应当履行迟延给付部分价金，抑或是支付全部剩余价金，则不无疑问。通说认为，自资金融通角度考虑，分期付款之实质为出卖人向买受人贷与信用，故通常情况下，买受人采用分期付款方式比采用即时结算方式支出的价金更高，若买受人因一期之迟延给付，即应付清全部价金方得回赎标的物，则对于买受人过于苛刻，难称公平。自然，如果买受人迟延支付之价金已达总价款的 1/5 时，出卖人可依据《合同法》第167 条之规定，要求买受人支付全部价金，方得回赎。

我国最高人民法院《关于审理买卖合同纠纷案件适用法律问题的解释》第 37 条规定，出卖人取回标的物后，买受人在双方约定的或者出卖人指定的回赎期间内，消除出卖人取回标的物的事由，主张回赎标的物的，人民法院应予支持。买受人在回赎期间内没有回赎标的物的，出卖人可以另行出卖标的物。出卖人另行出卖标的物的，出卖所得价款依次扣除取回和保管费用、再交易费用、利息、未清偿的价金后仍有剩余的，应返还原买受人；如有不足，出卖人要求原买受人清偿的，人民法院应予支持，但原买受人有证据证明出卖人另行出卖的价格明显低于市场价格的除外。

（四）所有权保留买卖标的物作为责任财产的归属

所谓责任财产是指主体可以用来偿还自己所欠债务的财产，是主体的债的一般担保。在所有权保留买卖中，若卖方或买方被强制执行或破产时，标的物应作为何方的财产，也是我们必须明确的，在卖方被强制执行或破产时，按照所有权理论，由于标的物仍归卖方所有，故标的物应当列入卖方的责任财产用于清偿债务。买方因未取得标的物的所有权，现行法律也没有为买方设置相应的抗辩权以予救济，所以买方无从提出异议。但这种做法对买方也不公平，买方依约定支付价金，属于有权占有，且在履行完付款义务时，便能取得标的物的所有权，而直接将标的物列入卖方的责任财产中，无异于剥夺了买方所有权保留中的期待权。另外，从法律经济学的角度来分析，这种做法也不经济。通说以为，从保护买方利益的角度出发，可以把标的物的价款作为责任财产，价款未到偿还期限的，视为已到偿还期，买方可以提前支付价款，如此可以取得标的物的所有权。当然，采取这种办法也是有条件的，即买方积极清偿债务。若买方怠于清偿，则不利于责任财产的实现，此时卖方应及时行使所有物返还请求权，取回标的物。

在买方因债务到期被强制执行时，因标的物的所有权属于他人所有，故不能将其当作责任财产而被执行。在买方破产时，卖方享有剔除权，可以取回标的物，但应当退还扣除使用费后的价款，此价款属于买方的责任财产。

二、我国所有权保留买卖制度的完善

《合同法》第 134 条规定：当事人可以在买卖合同中约定买受人未履行支付价款或者其他义务的，标的物的所有权属于出卖人。这是我国法律首次明文规定买卖合同可以附所有权保留的约定。最高人民法院《关于审理买卖合同纠纷案件适用法律问题的解释》第 34、35、36、37 条分别规定了所有权保留买卖的适用范围、取回权、取回的限制、回赎权等，但《合同法》的规定应当说只是确立了一个原则，还有一些具体的问题没有涉及或没有明确，需要我们在今后的相关立法中予以完善。具体来说，需要完善的有以下几个方面。

（一）标的物所有权保留的客体范围还需要进一步明确

标的物所有权保留的客体范围，是指作为买卖标的哪些财产可以进行所有权保留。从标的物所有权保留的立法实践来看，大陆法系国家和有关地区关于标的物所有权保留的法律条款多针对动产作出规定。至于可适用标的物所有权保留的动产的范围如何，有的国家不作限制，如《意大利民法典》第 1523 条，只要能作为买卖的标的物都可以保留所有权；有的国家则对动产的范围予以限制，如《瑞士民法典》第 715 条第 2 款规定"牲畜的买卖不得保留所有权"，以除外条款的形式限制了动产的范围。《德国民法典》第 925 条不允许不动产移转的意思表示附有条件或者期限。《瑞士债务法》第 217 条第 2 款规定，不动产不得为所有权保留之登记。日本民法和我国台湾地区的民法对不动产所有权保留未作明确规定。

我国最高人民法院《关于审理买卖合同纠纷案件适用法律问题的解释》第 34 条规定了不动产不适用所有权保留，其原因主要是：其一，在我国不动产所有权的转移除当事人之间的合意外，还须履行登记手续，须登记才产生效力，而且登记对第三人有公信力。如果一方面以登记为条件发生所有权的移转效力，一方面又允许其保留所有权，观念上未免矛盾，而且有害于登记的公信力。其二，不动产的所有权对国计民生有重要意义，而附条件和附期限的不动产所有权移转中不确定的因素太多，有碍于不动产的交易安全。其三，从设定标的物所有权保留的目的看，卖方主要是为保障其未获清偿的价金债权的实现，而对于不动产来说，可以在上面设定抵押来实现这一目的。

（二）取回权和回赎权的条件及实行还需要完善

我国最高人民法院《关于审理买卖合同纠纷案件适用法律问题的解释》第 35 条虽然规定了取回的条件，但对于出卖人取回权如何具体实行，该司法解释其他条文并未明确规定，因此在立法上需要明确，取回权的行使方式和期限，另外在当事人未成功约定或指定的情形下，买受人是否可依据该解释第 37 条规定行使回赎权，行使回赎权的手续和期限如何？当买受人依该规定起诉至法院要求回赎，法院该如何处理？都是需要加以明确规定的。

（三）对标的物所有权保留买卖没有规定公示或公信的方式，使标的物所有权保留无法对抗第三人

在标的物所有权保留制度中，卖方作为标的物的所有人并不占有标的物，买方占有标的物但不享有所有权，这种权利构造使得标的物的所有权与占有权不尽一致，此种权利分化的状态也符合当事人的利益，即卖方可以出卖标的物，无须立即要求支付全

部价款，买方于价款清偿前，可先占有和使用标的物。然而，这种制度的最大缺点也由此而致，由于缺乏公示性，第三人无从知悉标的物的权属状态。当卖方或买方违反合同义务而将标的物的所有权让与第三人，或在标的物上为第三人设定担保时，该如何平衡买卖双方以及第三人的利益，各国或地区立法对此所作的规定也不相同，主要存在着登记生效主义、登记对抗主义和不登记主义三种不同的立法实践。

第一，登记生效主义。约定保留所有权，除当事人之间的合意外，还须履行一定的登记方式，才发生效力。如《瑞士民法典》规定动产的所有权保留须以登记作为生效要件，该法典第715条第1款规定：保留让与他人动产的所有权，须在受让人住所所在地的主管官员的登记簿上登记，始有效力。经过登记的所有权保留，可以对抗第三人。

第二，登记对抗主义。约定保留所有权，除当事人合意外，履行一定登记方式的，才产生对抗第三人的效力。意大利、美国和我国台湾地区主要采取这样的立法规定。如我国台湾地区"动产担保交易法"第5条规定：动产担保交易，应以书面订立契约。非经登记，不得对抗善意第三人。法律对所有权采取登记对抗主义，一方面在于维持交易上之便捷；一方面亦在使当事人能斟酌情事，决定是否登记，以保障自己之权益。

第三，不登记主义。约定保留所有权，仅凭当事人约定一致即可发生效力，当事人无须履行登记手续。采用不登记主义以德国为代表，这一点从《德国民法典》第455条的规定可以看出来。

在上述的三种立法体例中，不登记主义的最大优点是手续简便，最大缺点是欠缺公示性。登记生效主义的最大优点是便于第三人查阅登记簿以知悉物权变动的状况，其利益不致受到当事人秘密设立物权的侵害，但最大缺点是所有权保留标的物的种类繁多，均须登记而生效，增加了当事人的费用负担。登记对抗主义的最大优点是赋予了买卖当事人的选择权，让其酌情行事，但最大缺点是第三人为确保交易安全，仍需费时费力地查阅登记簿。

就我国的所有权保留登记问题，有的学者建议，所有权保留登记制度采取登记生效与登记对抗主义相结合的立法体制，即对不动产及车辆船舶、航空器等特殊动产的所有权保留应采取登记生效主义，对动产所有权保留应采取登记对抗主义。通说认为，动产所有权保留登记制度应采取登记对抗主义。首先，从对前面所述的三种立法体例的比较中，我们可以发现登记对抗主义不失为一种良策，并且可以从中进行借鉴；其次，采取登记对抗主义，赋予当事人选择权，更能尊重当事人的意思表示，符合私法意思自治的原则；最后，在标的物为车辆、船舶、航空器等价值较大的动产时，当事人大多会申请登记，以保护其权利，第三人也可知标的物的实际权属状况，不会损害第三人的利益。

三、分期付款买卖合同

（一）分期付款买卖的概念

分期付款买卖，是指当事人约定在标的物交付给买受人后，买受人在一定期限内至少分三次向出卖人支付价款的买卖。分期付款买卖在现代商品交易活动中越来越常见，特别是在房屋等耐用品的买卖中，成为商家促销商品和消费者购买商品的一种有效手段。其原因就在于它具有一般买卖所不具有的特性和特有的应用价值。买受人只需要支付少量的资金就可以从出卖人手中得到耐用商品的提前消费和使用，有效地解决了消费者的需求与实际购买力之间的矛盾，同时也大大地刺激了消费者的购买欲望。分期付款可以为买受人解决一些临时性的资金周转困难的问题，有利于买受人更合理地利用自己有限的资金，进行利益更大的投资，或者帮助一些买受人度过自己的财务危机。分期付款买卖就出卖人而言，耐用商品的销售量提高，出卖人也因此获得更大的经济效益。分期付款买卖对买受人和出卖人双方都有益处，必然会极大地促进市场的繁荣和整个社会经济的发展。

当然，分期付款买卖也有一些弊端，就出卖人而言，他向买受人提供了信用，影响到自己的资金周转，且面临着到期无法收回货款的风险；就买受人而言，与一次性付款的价格相比，分期付款的价格一般要稍高一些。贷款时间长，利息支付较多，手续也较麻烦。利息波动会使人压力变大，从而背负了过重的债务负担，影响到自己的基本生活。

（二）分期付款买卖合同的特征

作为一种特殊的买卖合同，分期付款买卖具有以下几个主要特征：

（1）买受人分期支付价款，所分期数至少为三次以上。

付款方式的差异是分期付款买卖区别于普通买卖的一个显著特征。在普通买卖中，买受人必须在买卖合同订立时，或在合同订立后标的物交付之前，或在标的物交付时或交付后的一个特定时间，一次付清价金，或者买受人预先支付部分价金（预付款或定金），然后在标的物交付时或之后的某个约定时间内一次支付剩余价金。在分期付款买卖中，买受人的价金交付义务是分期的，在占有标的物之后，须存在分三次以上的交付价金的义务；若一期清偿完毕，则不成立分期付款买卖。

对于交付价金的具体期数，各国法律有不同的规定。英国《购买租赁法》在界定分期付款时明确规定了 5 次以上的交付期数。《合同法》第 167 条第 1 款规定的"分期付款"，系指买受人将应付的总价款在一定期间内至少分三次向出卖人支付。

（2）出卖人在合同成立后，价金未全部付清之前，将标的物交付给买受人。

分期付款买卖是"物先交付型"买卖，在买方全部清偿价金之前，出卖人已先交付标的物于买受人，由其占有和使用。在分期付款买卖中，买受人通常是在给付第一笔款项后取得标的物的占有的，但这并不影响分期付款买卖物先交付的性质，在使用价值和价值的最终实现上，显然仍存在一定的时间差。交付必须使买受人取得标的物的直接占有。在分期付款买卖中，只能采用现实交付的方式，拟制交付则为法律所不允许。因为拟制交付只是创设物权上的权利，不能使买受人取得对标的物的直接占有。此外，分期付款买卖标的物的移转，当事人有约定的，依其约定，没有约定的，所有权自标的物交付时起移转。

（3）法律对分期付款买卖合同的变更和解除作出了特别规定，并允许在交付标的物时保留所有权。

在分期付款买卖中，买受人享有期限利益，即先行占有、使用买卖的标的物再分期履行其价金给付义务。这既是买受人的权利，同时又是出卖人必须尊重和保障的义务，出卖人不能任意剥夺买受人的期限利益。当然，作为一种权利，买受人可以处分、放弃期限利益，于物交付后，将剩余价金一次支付。

买受人享有的期限利益是分期付款买卖信用交易本质的必然要求，是分期付款买卖特征的体现。分期付款买卖具备了信用交易的本质属性。分期付款实质上是价金偿还义务的延缓履行。假如买卖合同中对买受人支付期间无特别约定，买受人一般应承担在取得财产的占有时一次性全部付款的法定默示义务。因此，在买卖中，标的物交付的时间应成为判断价金是否延缓履行的基准。在订立买卖合同时，当事人既可选择即时付款，也可选择延缓付款。分期付款显属后者，买受人在占有标的物后的一段期限内给付价金则为义务的履行。

（4）标的物交付给买受人后，无论其所有权是否转移于买受人，标的物的意外风险均由买受人负担。

四、分期付款买卖合同制度的完善

（一）剥夺期限利益及限制

1. 剥夺期限利益

剥夺期限利益是指当分期付款的买受人未支付到期价款的金额达到一定数额时，买方丧失分期付款权益，出卖人可以要求买受人支付全部价款的规则。剥夺期限利益是分期付款买卖中保障卖方权益的一种重要的手段。

由于分期付款买卖具有物先交付、价金分期支付的特征，在使买方获得提前消费便利的同时，也增加了出卖人不能收回分期价金的危险。如果买受人经济收入不稳定或买卖商品的价值越高，分期支付的期限越长，这种风险也就越大。于是，出卖人通常附有各种约款，在价金收回不能的事由发生或有发生之虞时，及早采取对自己有利的措施，以保障其利益。在现实交易中，出卖人为维持自身的利益、限制买受人滥用权利而在分期付款买卖合同中附加各式各样保障性约款，期限利益丧失约款为其中之一。

由于分期付款买卖中交易双方经济实力的差距，期限利益丧失特约的缔结就难以真正做到平等自愿、充分协商，特约的内容可能因出卖人滥用其经济实力或权利而损害买受人的利益，从而显失公平。这时，特约难以称得上是意思自由的体现。因此，如何在契约自由的原有体制下，维护契约正义，使经济上的强者不能凭借合同自由之形式正当压榨作为交易相对人的弱者，是现代民法所面临的艰巨任务。为实现合同正义，维护真正的意思自由，法律必须对特约进行有效的规制，使绝对的意思自由转变为相对的意思自由。

我国《合同法》第167条规定：分期付款的买受人未支付到期价款的金额达到全部价款的1/5的，出卖人可以要求买受人支付全部价款或者解除合同。出卖人解除合同的，可以向买受人要求支付该标的物的使用费。我国《合同法》的这条规定是以分期付款买卖中的买受人期限利益丧失为规制重心，并且立法上摒弃了英美法系立法的不足，借鉴了大陆法系的做法，通过限制期限利益丧失行使要件，有条件地承认期限利益丧失约款的效力，从而形成考量缜密，充分平衡当事人利益的期限利益丧失制度。

2. 剥夺期限利益之限制

无论是国际上还是我国，一般都对买受人丧失期限利益的条款加以适当的限制，其中我国《合同法》第167条就明确规定：分期付款的买受人未支付到期价款的金额达到全部价款的1/5的，出卖人可以要求买受人支付全部价款。该条提出了分期付款的买受人未支付到期价款的金额达到全部价款的1/5的标准，即只有当分期付款的买受人未支付到期价款的全额达到全部价款的1/5时，出卖人才可以要求买受人支付全部价款，才构成期限利益丧失的条件。

限制的目的是保障双方利益的平衡，是对卖方适用该条款时的一种约束。《合同法》第167条的作用主要在于：其一，认定期限利益丧失约款的效力。这一规范提供了认定当事人关于期限利益丧失的约款是否构成交易双方法律上利益平衡之破坏的根据。只要约定的期限利益丧失的要件与本条规定相抵触，法院就可以适用该规定，认定出卖人滥用权利，判定特约无效。这样，如果当事人在分期付款买卖合同中约定买受人未给付到期价款占全部价款的比例低于1/5时，该期限利益丧失条款应认定为无效。其二，指导当事人订立合理的期限利益丧失约款。由于这一规范考量缜密，设计科学，富有弹性，仅为交易双方利益的平衡确定了基点，因而特约的缔结者可以在法律提供的利益分配框架所允许的限度内设定自己认为公平合理的期限利益丧失约款。交易实践中，提供特约一方可以依照该条规定约定高于1/5的行使解约或主张买受人丧失期限利益的条件。该条规定在发挥矫正不公平的利益分配，充分保障合同双方的利益的功能时，既有利于指导当事人缔约，节省交易成本，又便利了法官公平裁判案件，提高诉讼效率。

英美判例法基于买受人享有的价金分期给付的期限利益不可侵犯的理由，比照"加速条款"否认其效力。大陆法系国家的立法，则是通过限制期限利益丧失约款行使要件，有条件地承认期限利益丧失约款的效力。关于对期限利益丧失约款的限制，大陆法系各国法律的规定可分两种做法。第一种立法模式是对迟延交付的期次及迟延交付的价款占总价款的比例加以限制，德国的《分期付款买卖法》第4条第23项规定，出卖人只在买受人连续两期给付迟延，而迟延之价额已达到全部价款的1/10时，才能主张期限利益丧失约款。第二种立法模式则要求出卖人须经过法定的催告期方得主张买方的期限利益丧失，代表国家是日本。日本《割赋贩卖法》第5条规定，买主未履行支付分期付款价款的义务时，卖主应以书面文件形式在20日以上的期间进行催告。买主如不在该期间内履行义务，卖主可以买主迟延支付分期付款价款为由解除合同，同时也可请求未到期的分期付款价款的支付。与这一规定相反的特约无效。

大陆法系的立法者秉持诚实信用原则，适当地作出利益衡量及价值判断，拟定构成要件及法律效果，形成考量周密的法律制度，对分期付款买卖中的期限利益丧失约款进行科学、合理的规制，有效地平衡了交易双方及其与社会的利益，矫正了不公平的特约，防止了出卖人的权利滥用，促进了合同的缔结、履行，保障了商品流转的高效、安全和稳定。

（二）解除合同及限制

分期付款的买受人未支付到期价款的金额达到全部价款 1/5 的，出卖人可以解除合同。出卖人解除合同的可以要求支付该标的物的使用费。最高人民法院《关于审理买卖合同纠纷案件适用法律问题的解释》第 39 条规定，分期付款买卖合同约定出卖人在解除合同时可以扣留已受领价金，出卖人扣留的金额超过标的物使用费以及标的物受损赔偿额，买受人可以请求返还超过部分。

（三）我国分期付款买卖制度的不足及完善建议

1. 对分期付款买卖中的标的物的范围和交付时间应予明确规定

分期付款买卖中标的物的范围应当如何界定，各国立法有所不同。德国的《分期付款买卖法》第 1 条将标的物限于动产，而多数国家的立法则不限于动产，还包括不动产。我国《合同法》第 167 条没有对标的物的范围给予界定，我国应根据实际情况，在《合同法》中明确将分期付款买卖适用于动产及不动产领域。

在分期付款买卖中，出卖人将标的物于何时交付给买受人，各国立法中一般都没有规定，主要因为买卖合同的标的物的交付时间一般在合同中由当事人约定。但在实践中，通常都是出卖人于买受人交付第一次分期金的同时将标的物交付买受人。这是因为买受人采用分期付款方式的目的，就在于以较少额的头金取得标的物的即时使用。为更好地对其加以规范，避免因约定不明而产生纠纷，应考虑在《合同法》中补充："分期付款买卖当事人对标的物的交付时间没有约定的，出卖人应于买受人交付第一次分期金的同时交付标的物。"

2. 应规定分期付款买卖中标的物的所有权及风险的转移时间

分期付款买卖中标的物所有权从何时转移给买受人的问题，目前各国立法及学理认识都不一致。归纳起来主要有三种观点：第一种观点认为，在分期付款买卖中，除法律或合同另有规定外，标的物所有权自出卖人交付给买受人时起转移给买受人。第二种观点认为，除法律或合同另有规定外，分期付款买卖中标的物的所有权应从价金全部支付完毕时转移。第三种观点认为，凡是分期付款买卖，其标的物所有权于价金全部付清的同时转移于买受人。第一种观点更合理。为明确起见，《合同法》应补充规定："分期付款买卖合同标的物的转移，依法律规定或当事人的明示约定。无约定时，自标的物交付时起所有权转移于买受人。"

3. 严格合同解除的行使要件，改变期限利益丧失与合同解除同时并列的立法模式

我国《合同法》第167条将期限利益丧失与合同解除适用同一要件，并赋予出卖人选择适用的自由。合同解除一般适用于合同目的难以实现等买受人严重违约的情形，行使的结果是使当事人恢复到合同履行前的状态；期限利益丧失虽也发生于买受人较严重的违约，但与合同解除相比仍为轻，其效力也只是强制买受人提前履行合同，及时清结双方的债权债务。主张期限利益丧失与主张合同解除在适用的情形与法律效力上仍有较明显的区别，在立法上有明确区分的必要。期限利益丧失条款的适用条件如果和解除合同的适用条件相同，会加重双方当事人地位的不平等性。因此，我国的《合同法》立法应严格合同解除的条件，使主张期限利益丧失的救济方法作为合同解除的一个前提。

4. 缺少宽限期的规定

相比照各国立法，我国对于分期付款买卖立法中缺少了对买

受人宽限期的规定，当出现买受人没有支付价款时或买受人未支付到期价金达到全部价款 1/5 时，立法就直接规定出卖人可以要求买受人支付"全部价款"，而非规定出卖人可以要求买受人延期支付"剩余未付价款并赔偿迟延支付的违约金"。然而因为在分期付款买卖中，多次支付的价金往往比一次性支付的高，而买受人选择分期付款的一个原因就是虽然支付总价格高但是可以分期购买使用，所以买受人的期限利益被直接剥夺是对其不利的，立法没有宽限期的规定，会导致出卖人和买受人的利益失衡，从而导致对买受人不利的情况发生，反而显得具有一定的惩戒买受人的色彩，与立法目的相反。

5. 买受人价款如何处理没有明确规定

我国《合同法》第 167 条中没有对分期付款买卖合同解除后，买受人已支付的价款如何处理作出明确的规定，只在第 167 条简单地规定"出卖人解除合同的，可以向买受人请求支付该标的物的使用费"。这是否表明我国立法主张出卖人解除合同后，买受人负返还标的物义务的同时，出卖人负返还扣除标的物使用费后所余价金的义务？若为这样，则如何确定标的物的使用费？有学者认为，标的物的使用费的金额计算，可以标的物能否出租为依据。如果标的物是可出租之物，则以通常的租金计算；如果是不可出租之物，应根据标的物的情况估定使用费的代价。标的物的使用代价还应当包括孳息的代价在内。当然，如果标的物受到损害的，买受人应向出卖人赔偿。总之，我国《合同法》第167 条应对此作出明确规定，以避免实施过程中争议的产生。

6. 应当区分和衔接期限利益丧失与行使取回权的适用条件

出卖人在所有权保留的分期付款买卖中享有取回权，即出卖人在买受人有价金债务迟延给付、不依约定完成特定条件、将标的物出卖和出质或为其他处分等情形时得取回标的物以担保价金债权。解释上，买受人仅有一期之给付迟延时出卖人即可行使取回权。与主张期限利益丧失要求买受人全部剩余价金给付相比，行使取回权仅仅是要求买受人履行迟延的当期给付。主张期限利益丧失约款适用的违约情形显然严重于行使取回权适用的违约情形，所以立法实有严格主张期限利益丧失的要件的必要，应区分取回权与期限利益丧失的适用条件，规范出卖人的救济手段，以达到保护买受人的目的，即一期给付迟延仅能适用取回权，而连续两期给付迟延并达到一定数额比例时方能适用期限利益丧失。

第八章　试用买卖合同和
凭样品买卖合同

一、试用买卖合同

(一) 试用买卖合同概述

试用买卖合同是指当事人双方约定由买受人试用或者检验标的物，以买受人认可标的物为条件的买卖合同。试用买卖合同中，双方当事人约定，出卖人将标的物交于买受人进行试验或检验，并以买受人在一定期限内对标的物的认可为买卖合同的生效要件。与一般买卖相比，试用买卖合同具有下列特点。

1. 试用买卖合同买受人有试用标的物的权利

在一般买卖合同中，是在买受人先支付了一定的价款后，出卖人才交付标的物，而在试用买卖合同中，出卖人必须先履行交付标的物由买受人试用，在买受人与出卖人约定的试用期间内，买卖合同不生效。在试用买卖合同中，出卖人将标的物交由买受人试用，如将冰箱交给买受人试用，将机动车交给买受人试驾等。出卖人不按约定将标的物交给买受人试用或检验的，可能承担相应的缔约过失责任。但是，试用或检验标的物为买受人的权利而非其义务，买受人有权对标的物不进行任何检验。

2. 试用买卖合同以买受人认可标的物为买卖合同生效要件

试用买卖合同经双方当事人意思表示的一致而成立，但以买受人对标的物的认可为买卖合同的生效要件。若买受人对标的物不认可，则条件不成就，合同不生效；若买受人认可标的物，则条件成就，合同生效。买受人的承认完全取决于买受人的自由意愿，具有任意性，不受其他条件的限制。

3. 试用物所有权仍然归属于出卖方

在一般买卖中，买受人支付了约定的价款，出卖人交付的标的物，标的物的物权随之转移，出卖人由此而失去了标的物的占有、使用、处分权，而买受人则获得该标的物的占有、使用、处分权；而试用买卖合同的出卖人将标的物交付给买受人，其标的物的物权并未转移，仍归出卖人所有。因为试用买卖合同虽然经双方当事人协商一致而成立，但只有在买受人对标的物作出认可时才发生效力。所以在试用买卖中，一般在试用方以书面、口头或其他方式表示愿意购买标的物时，标的物的所有权才移转于买受人，这与一般买卖中，标的物一经交付其所有权即发生转移明显不同。出卖人为了防止买受人取得标的物所有权后不付款，可以在合同中约定，在买受人付清全部价款之前，标的物所有权不转移于买受人。

（二）试用买卖合同的界定

对试用买卖合同的认定，可以参照以下几个具体标准进行界定。

1. 试用买卖合同是附生效条件的买卖合同，试用条款是试用买卖的必备条款

当事人对买卖合同所附的条件多种多样，有的条件不是生效

条件而是解除条件，还有的条件既不影响合同效力的发生，也不影响合同效力的终止。这样的买卖合同都不是试用买卖，只有附生效条件的买卖合同才可能是试用买卖合同。

试用买卖合同中必定含有对标的物的试用条款。试用条款是试用买卖合同的必备条款，不含有试用标的物条款的附生效条件的买卖合同，不管它在其他方面与试用买卖如何相似，它也绝不是合同法上所说的试用买卖合同。

2. 试用买卖合同所附的条件是买受人对买卖标的物的承认

试用买卖合同属于附生效条件的买卖合同，但附生效条件的买卖合同不是只有试用买卖合同一种。当事人在买卖合同中可以约定各种各样符合要求的生效条件，如"假如我今年考上清华研究生"，这样的买卖合同都是附生效条件的买卖合同，此时，区分试用买卖合同与其他附生效条件的买卖的关键是看所附的条件是不是"买受人对买卖标的物的承认"，只有所附的生效条件是"买受人对买卖标的物的承认"的买卖合同才可能是试用买卖。

3. 试用买卖合同的买受人对标的物的承认与否是其个人自由意志行为

在试用买卖合同中对买受人承认与否不得加以其他条件的限制，买受人承认与否，是其自由意志体现。即使买卖合同所附的生效条件是"买受人对标的物的承认"，但如果这种"承认"是附加限制条件的，则这种买卖合同也不是试用买卖合同。正如有的学者所指出的，当事人约定标的物经过试验或检验符合一定要求时，买受人则必须购买标的物的买卖合同不属于试用买卖合同。

作为试用买卖合同，必须同时符合以上几条标准。以此标准，下列买卖合同均不属于试用买卖：第一，买卖合同当事人约定标的物经试验符合一定要求时，买受人必须购买标的物的；第二，买卖合同当事人约定第三人经试验对标的物满意或认可时买受人必须购买该标的物的；第三，买卖合同当事人约定买受人在一定期间内可以任意调换标的物的；第四，当事人约定买受人在一定期间内可以任意退还标的物，出卖人返还价款的。

（三）对标的物的承认的性质、期间、形式和效力

《买卖合同司法解释》第41条规定：试用买卖的买受人在试用期内已经支付一部分价款的，人民法院应当认定买受人同意购买，但合同另有约定的除外。在试用期内，买受人对标的物实施了出卖、出租、设定担保物权等非试用行为的，人民法院应当认定买受人同意购买。

在试用买卖合同中，买受人对标的物的承认至关重要，它决定了买卖合同是否能够生效。试用买卖中买受人的承认涉及承认的性质、期间、形式和效力。

1. 承认是买受人的一种形成权

在试用买卖合同中，当事人通常对于价款和合同的其他内容已经达成了合意，但与一般买卖不同的是，买受人保留就标的物进行试验并做出最终决定的权利。已成立的买卖契约是否生效，并不在于标的物在客观上是否符合买受人的目的，而是完全取决于买受人的意愿。买受人对于是否承认标的物享有充分的自主权，具有很强的任意性，即使标的物完全符合合同的目的，只要买受人表示不满意，合同就不生效。买受人对标的物表示不承认不需要任何理由，也"无所谓因不具正当理由，而违反诚信原则"。

由于承认或者拒绝是买受人任意的意思决定，它除了包含对标的物表示满意或不满意的意思外，还包含对合同的效力的意思决定，具有使法律关系发生变动的特征，因此不属于观念通知，

而是一种形成权。

2. 承认的期间

承认的期间是指买受人于何时作出承认才具有法律效力的问题。通常买受人的承认应于试用期内作出，并且该承认于试用期满前到达方具有法律效力。试用期间的长短应由买卖双方在合同中约定，买卖合同未就试用期间作出约定的，如果履行地习惯上有此期限，则依此期限；如果履行地习惯上也无此期限，则由出卖人指定试用期间。试用期满，如出卖人未收到买受人之承认，除按照法律拟定的默示形式，可推定买受人已作出承认或拒绝外，出卖人还可催告买受人，限其一定期限内作出是否承认的意思表示，如果买受人于此期限内作出了承认，亦为有效的承认。

3. 承认的形式

承认的形式就是指买受人以何种方式对买卖合同的效力进行确认。既然承认在性质上是一种法律行为，因此认定承认的形式应遵循关于法律行为表现形式的规定。法律行为的表现形式有明示和默示两种，所以承认的形式也有明示和默示两种。

第一，承认的明示形式。试用人对标的物的认可是书面的还是口头的，原则上可由试用人自由选择。口头认可方式即试用人向出卖人直接表达对标的物认可的意思表示。书面认可方式指试用人以书信、传真、数据电文等书面形式表示认可标的物。此时两种明示的认可方式均可产生试用买卖合同生效的法律效果。

在试用买卖合同中，是否承认由买受人决定，这是试用买卖合同制度赋予他的一种权利，但承认采取何种明示形式，因事关试用买卖合同交易双方的利益，甚至关系到整个社会交易秩序的安全，因此，对于承认应采用的明示形式不应由买受人单方面决定，买受人在以明示方式承认时，应采用与买卖合同同样的形式或更为正式的形式。

第二，承认的默示形式。默示也是一种法律行为的表现形式。试用买卖合同中，有时买受人虽然未用任何明示方式表示承认，据买受人的行为，可推定买受人承认抑或不承认的内心意思，此刻法律就拟制买受人已作出承认或不承认的意思表示，从而使试用买卖合同生效抑或解除，这就是买方的默示承认。具体说来，承认的默示形式有：①买受人已交付价金之全部或一部。通常情况下，在试用买卖中，买受人应在承认已作出，买卖合同生效后，始付标的物之价金。现买受人虽没有作出承认却支付了价金，表明其内心具有承认的意思表示，当是无疑，所以法律拟定买受人已默示承认。《买卖合同司法解释》第41条规定，试用买卖的买受人在试用期内已经支付一部分价款的应当认定买受人同意购买。②买受人对标的物行使转卖、赠与、出租等非试用之行为。买受人在试用期间内，虽未作出承认之意思表示，但却对标的物为非试用之行为，法律推定其已作出了承认。该解释第41条规定，在试用期内，买受人对标的物实施了出卖、出租、设定担保物权等非试用行为的应当认定买受人同意购买。③标的物因试用已交付于买受人占有时，如果在试验期满后，买受人不交还标的物或不为不承认之表示，法律拟定买受人已经承认。

我国《合同法》第171条规定，试用期间届满，买受人对是否购买标的物未作表示的，视为购买。法律除拟定了默示的承认外，还拟定了默示的不承认，即拒绝。默示拒绝主要是指标的物未因试用而交付于买受人，且买受人在试用期满未作出承认的表示的情形。

4. 承认的效力

试用买卖合同中买受人承认的基本效力就是试用买卖合同所附条件之成就，试用买卖合同开始生效。关于承认的效力，还有几个问题需要加以注意和考虑：

第一，关于承认是否具有溯及力的问题。判定承认是否具有溯及力，对买卖双方来说都十分重要。如果承认具有溯及力，经买受人承认的试用买卖事同自买卖合同成立时起就已生效，则在试用期内因试用而交付于买受人占有的标的物所生的风险及利益就由买受人承受；如果承认不具有溯及力，试用买卖合同自买方承认做出之日始生效力，则在试用期间标的物所生风险及利益仍然由卖方承担。至于承认是否具有溯及力，一般理论认为试用买卖合同自买受人承认时生效，而不具有溯及力。当然这并不排除买卖双方在协议中对承认是否具有溯及力作出特别约定。

第二，关于买受人表示只接受部分标的物是否构成承认的问题。如果试用买卖合同的标的物为若干个独立之物，买受人经过试用后表示只接受其中的部分标的物，这算不算买受人对整个买卖合同的承认？对此，不应认为买受人对整个买卖合同的承认。如果认为买受人接受部分标的物就构成对整个买卖合同的承认，买受人必须按照买卖合同购买全部标的物，这就违背了买受人的真实意思，损害了买受人的利益。因而，买受人只接受部分标的物不构成对整个合同的承认，应将其理解为买受人向出卖人发出了一个新的要约。如果出卖人同意买受人只接受部分标的物，可向买受人表示承诺，从而买卖双方达成了一个以购买部分标的物的新的合同，原试用买卖合同自动作废。

第三，关于买受人承认是否免除出卖人瑕疵担保责任的问题。一般买卖中，出卖人对标的物的瑕疵负有担保责任。但由于试用买卖合同中，买受人可利用对物之试用期间，检查标的物是否具有瑕疵，所以有人认为既然买方已作出了承认，就表明标的物没有瑕疵，或虽有瑕疵但已被买受人所认可，买受人的承认就免除了卖方的瑕疵担保责任。一概认为买受人的承认构成出卖人标的物瑕疵担保责任免除的话，对买方来说未免太苛刻了。对此应具体问题具体分析。如果标的物的瑕疵是明显的，在正常情况下，买受人在试用期内可以发现，即使买受人因为过失没有发现，买受人的承认也可免除出卖人的瑕疵担保责任；如果标的物的瑕疵是隐蔽的，在正常情况下，即使买受人没有任何过失也难以发现，买受人的承认就不能视为构成对出卖人标的物瑕疵担保责任之免除。

二、我国试用买卖合同制度的完善

（一）我国试用买卖合同制度的具体规定

我国《合同法》第 170 条和第 171 条专门针对试用买卖合同进行了规定。第 170 条规定：试用买卖的当事人可以约定标的物的试用期间。对试用期间没有约定或者约定不明确，依照本法第 61 条的规定仍不能确定的，由出卖人确定。第 171 条规定：试用买卖的买受人在试用期内可以购买标的物，也可以拒绝购买。试用期间届满。买受人对是否购买标的物未作表示的，视为购买。

第 170 条涉及试用期间的规定。按照该条规定，试用买卖合同试用期间的确定，有三种方法：一是当事人约定。对试用期间，法律未作强行规定，双方当事人可以根据自愿原则在合同中约定试用期间。二是依照《合同法》第 61 条确定。若当事人对试用期间没有约定或约定不明确的，应首先由当事人协议补充，不能达成补充协议的，按照合同的有关条款或者交易习惯加以确定。三是出卖人确定。如果当事人在买卖合同中未约定试用期间，而按照《合同法》第 61 条仍然未确定试用期间的，则由出卖人确定试用期间。这是因为在试用买卖合同中，买受人试用标的物属于无偿使用，根据权利义务相一致的规则，应由出卖人确定试用期间。如果允许买受人确定试用期间显然不利于维护出卖人的利益，有失公平。

第 171 条涉及试用买卖合同效果的规定。依照该条规定，在试用期间，买受人对标的物有购买与否的选择权。买受人可以承认购买，买受人承认购买时，试用买卖合同所附条件成就，合同即时生效，买受人负有依约定向出卖人支付价款的义务。买受人承认购买的表示必须是明示的，而不是根据买受人对标的物有夸赞的言论便作出买受人承认购买的推论。试用买卖合同的买受人对是否购买标的物有完全的选择权，即使标的物无任何瑕疵，买受人也可以拒绝购买，拒绝购买无须说明理由。买受人拒绝购买的表示使合同不生效力，买受人应当返还标的物。

试用期限届满时，买受人对是否购买标的物未作表示的，视为购买。这是关于承认购买的法律拟制的规定。如此规定在于平衡当事人之间的合同利益，保护处于不利地位的出卖人，同时促使买受人及时作出购买与否的表示。

《买卖合同司法解释》用了 3 个条文规定了试用买卖的承认、试用买卖的排除情形、试用买卖的使用费问题。

第 41 条规定，试用买卖的买受人在试用期内已经支付一部分价款的，人民法院应当认定买受人同意购买，但合同另有约定的除外。在试用期内，买受人对标的物实施了出卖、出租、设定担保物权等非试用行为的，人民法院应当认定买受人同意购买。该条是对试用买卖的承认方式的推定。

第 42 条规定，买卖合同存在下列约定内容之一的，不属于试用买卖。买受人主张属于试用买卖的，人民法院不予支持：①约定标的物经过试用或者检验符合一定要求时，买受人应当购买标的物；②约定第三人经试验对标的物认可时，买受人应当购买标的物；③约定买受人在一定期间内可以调换标的物；④约定买受人在一定期间内可以退还标的物。该条是对试用买卖排除情形的规定。

第 43 条规定，试用买卖的当事人没有约定使用费或者约定不明确，出卖人主张买受人支付使用费的，人民法院不予支持。该条是对试用买卖试用物使用费的规定。买受人不承担使用费的原因在于：其一，试用所产生的费用是出卖人应承担的成本中的必要组成部分，而且该费用占成本的比例一般相对较小，出卖人有足够的经济能力承担这一费用。其二，如果由买受人承担试用期间产生的费用，则会产生同分期付款买卖相类似的后果，而试用买卖主要出现在新产品的推介过程中，有偿试用将不利于激发消费者试用新产品的积极性，从而不利于新产品开拓市场销路。

虽然我国《合同法》第170、171条专门针对试用买卖作了规定，《买卖合同司法解释》也在第41、42、43条有进一步的解释，但我国对试用买卖的规定，在风险的承担、试用期间的费用和其他方面还有欠缺，不利于该领域内纠纷的解决。

（二）我国试用买卖合同制度中存在的问题及解决

1. 缺乏试用期间标的物的风险负担的规定

《合同法》未对试用期间标的物的风险负担作出规定，依《合同法》的规定，标的物的风险负担适用交付主义，即交付之前由出卖人负担，交付之后由买受人负担。但这一原则是针对已生效的买卖合同。至于试用买卖合同，因是附生效条件的买卖合同，买卖可能因买受人拒绝购买而不能达成，故为试用而进行的标的物的交付与为买卖而进行的交付有重大的不同，从而标的物的风险负担亦不适用交付主义。关于试用期间的风险承担同样存在多种观点：第一种观点认为因交付已经完成，应由买受人承担。第二种观点认为应由双方当事人合理分摊。第三种观点认为应适用所有权人承担风险的规则。

美国《统一商法典》第2-327条值得我们借鉴，该条规定：除非另有协议，在采用试用买卖方式时，即使货物已特定于合同项下，但在买方接受货物前，风险和所有权不转移至买方。买方不承担的理由是：第一，试用期间买受人并不享有标的物的所有权，要其承担标的物毁损、灭失的风险有失公平。第二，由买受人承担试用期间标的物毁损、灭失的风险在法理上也自相矛盾。如果标的物风险由买受人承担，标的物发生了毁损或灭失，买受人则应对此负责，买受人仍有义务支付价款。对于出卖人而言，则产生合同有效的后果。而在试用期间，买卖合同尚未生效，合同是否生效取决于买受人对标的物的认可。在标的物发生毁损或灭失时，买受人可以主张不认可标的物而使合同无效。第三，试用期间的风险要买受人承担势必对买受人试用产品造成极大的心理负担，从而使试用买卖丧失广大的消费市场，这对试用买卖的发展也是不利的。

2. 买受人对标的物认可方式的规定过于简单

买受人对标的物认可方式应根据标的物是否转移占有分别进行规定，我国《合同法》第171条作出"试用期间届满，买受人对是否购买标的物未作表示的，视为购买"的规定，是为了促使买受人在试用期间届满前，应及时作出是否购买的表示，以免当事人之间的法律关系长期处于不稳定的状态。买受人作出是否购买的表示，应是其应尽的义务，如果他没有按时履行其义务，就应承担相应的责任，即法律作出视为购买的推定。这也就是说，无论标的物是否已交付给买受人，只要试用期间届满，买受人对是否购买标的物未作出表示时，一律视为购买。

《合同法》的这一条规定实际上只规定了试用买卖合同常见的一种形式，即出卖人在订立合同时已将标的物交付于买受人，但此条文并不适用于试用买卖合同的另一形式，即买受人直接在出卖人的场所试用标的物，但出卖人未将标的物交付于买受人。在这种情况下，因为标的物未交给买受人而仍在出卖人占有下，买受人经试用后拒绝购买标的物的，不发生标的物的返还，而认可标的物的，须请求出卖人交付标的物。在此种情况下，买受人经试用而在试用期内未作表示的，实际上是以默示的方式拒绝购买。实务中的交易习惯也是如此，如在商店中购买服装时，顾客试穿后不作表示的，就视为顾客拒绝购买，而不视为同意购买。有鉴于此，我国台湾地区"民法典"针对标的物是否转移占有情况，就买受人的沉默有不同的法律效果而分别进行了规定。其第386条规定：标的物经试验而未交付者，买受人于约定期限内，未就标的物为承认之表示，视为拒绝；其无约定期限，而于出卖人所定之相当期限内，未为承认之表示者亦同。第387条第1款规定：标的物因试验已交付于买受人，而买受人不交还其物，或于约定期限或出卖人所定之相当期限内不为拒绝之表示者，视为承认。

我国《合同法》也应根据标的物是否转移占有，买受人的沉默有不同的法律效果而分别进行规定，尤其是如果标的物未交给买受人占有，那么买受人在试用期限届满后的沉默应推定为拒绝购买标的物。

3.《合同法》第171条中使用"买受人"一词不够准确

因为，在试用期内，试用人享有购买试用标的物或者拒绝购买的选择权，即试用人可能成为"买受人"，也可能成为"非买受人"，属二者择一而为的不确定概念，不能单方面将其称为"买受人"。有鉴于此，拟将"买受人"改为"试用人"较为恰当。

三、凭样品买卖合同

（一）凭样品买卖合同概述

凭样品买卖合同是指当事人双方约定出卖人交付的标的物应

与样品具有相同品质的买卖。凭样品买卖合同是以样品确定标的物的一种特殊买卖，当事人在缔约之际不必——说明商品内容，仅依据样品即可确定标的物的品质与属性，因而具有简便易行的特点，成为交易中经常被采用的买卖方式。和普通买卖相比，凭样品买卖的特殊之处在于：其一，合同标的物的品质以样品来确定；其二，出卖人有义务按样品交付标的物。

由于样品买卖合同与试用买卖合同卖易在特定标的物上具有相同性，容易发生混淆，因而须明确其区别，它们的区别在于：试用买卖合同中，其标的物可能为供试用之标的物，为特定物之买卖；而在凭样品买卖合同中，样品原则上非为买卖之标的物，样品作为指定买卖标的物的"种类"及"品质"，凭样品买卖合同为种类物之买卖，出卖人不但负物之瑕疵担保责任，而且应担保其交付之标的物，与样品具有同一品质。

样品买卖合同要求出卖人交付的货物必须与当事人保留的样品具有同一品质，样品买卖合同须有样品的存在，而且样品须于订立合同时就存在，并且当事人在买卖合同中须订明"以样品确定标的物的品质"或"按样品买卖"等。如果出卖人先向买受人提示样品，而后双方订立买卖合同而未表明为样品买卖合同，则双方不成立样品买卖合同；如果当事人在订立合同后，出卖人于履行前向买受人提供样品，也不属于样品买卖合同。通常认为，样品买卖合同的成立应具有如下条件。

1. 样品须在订立合同时已存在

样品是买卖合同双方当事人凭样品买卖合同达成合意的证明，故如果缔约时，并无样品存在，则难以确定双方当事人已就样品买卖合同达成合意。

所谓样品，又称货样，是指当事人选定的用以决定标的物品质的样品。样品有广狭义之分，狭义的样品是指从一批货品中抽取出来或由生产、使用部门加工、设计出来，用以反映和代表买卖的标的物的品质的实物；广义的样品不仅包括实物，而且包括可以决定标的物的品质与属性的模型、图样、式样书等。样品既可由卖方提供，也可由买方提供，样品由卖方提供的称为卖方样品，由买方提供的称为买方样品。一方不满意对方所提供的样品，而另外提供的样品称为相对样品。由买受人提供、出卖人据此复制加工出一个类似样品由买受人确认的，称为确认样品。

2. 当事人须表明样品买卖之意思表示

当事人应在买卖合同中约定以样品来确定标的物的品质或写明"凭样品买卖"等表明样品买卖的意思。如果仅有当事人向买受人提示样品的事实，但当事人却未在订立合同时明确表明样品买卖的意思，则双方不能成立凭样品买卖合同，因为，凭样品买卖合同是以样品来确保标的物的品质，它不是以出卖人交付的货物符合样品的品质为生效条件，也不是以出卖人交付的货物不合样品的品质为解除条件。

3. 买卖双方当事人须提示和封存样品

在订立合同时，当事人应提供样品，若当事人在合同订立之后，才提供样品则不属于凭样品买卖合同。仅有当事人一方于缔约时提供样品，并不必然导致凭样品买卖合同的成立。如果双方当事人明确约定了买卖合同的性质为凭样品买卖合同，且样品于缔约时已存在的，出卖人于履行前向买受人提供样品，买受人接受的，应认为凭样品买卖合同成立。当然，在合同法理论上可解释为，一方提供样品对方接受时，即样品的提示与接受，均为凭样品买卖合同订立过程中的行为。

但如果买受人拒绝接受样品，则应适用《合同法》第61、62条规定处理，视为普通买卖合同成立。可见，凭样品的买卖合同的成立，需要以上三个条件的结合方得构成。

《合同法》第168条和第169条对凭样品买卖合同作出了规

定。《合同法》规定，凭样品买卖合同的当事人应当封存样品，封存样品时应当将相同的样品经双方签封各自保存一份，一旦发生纠纷，可以封存的样品为依据进行解决。双方保存样品时应当妥善保管，以保持封存时的质量标准，同时还可以对样品质量予以说明，对其质量的说明也应作为合同的一部分具有约束力。出卖人交付的标的物应当与样品及其说明的质量相同。

在样品买卖合同中，既然出卖人保证交付的标的物的品质具有与样品同一的品质，如其交付的货物品质与样品的品质不相同，则出卖人就应负瑕疵担保责任。不仅如此，合同法还规定了一项对出卖人更为严格的要求，即出卖人应对样品的隐蔽瑕疵负责。所谓隐蔽瑕疵是指存在于标的物内部，凭一般买受人的经验难以发现的必须经过专门检验的质量欠缺。这即是说，如果凭样品买卖的买受人不知道样品有隐蔽瑕疵的，即使出卖人交付的标的物与样品相同，仍应承担隐蔽瑕疵责任。此时《合同法》要求出卖人交付的标的物的质量应当符合同种物的通常标准，如国家统一标准或行业标准等。但是，如果买受人知道样品存在隐蔽瑕疵，则出卖人不负隐蔽瑕疵责任。

（二）出卖人承担加重的瑕疵担保责任

在样品买卖合同中，出卖人的基本义务即是按照样品的式样、品质交付标的物。但由于买卖当事人在选定样品时，一般只能就样品的外观、式样等作出直观的判断，对样品存在的隐蔽瑕疵，在订约时往往难以判断。尤其难以识别其品质、功能和内在瑕疵。在这种情况下，如果当事人封存的样品本身即存在隐蔽瑕疵，出卖人交付的标的物与样品从外观到隐蔽瑕疵都完全相同，虽表面上与当初的约定相符，但却违背了买受人的真实意思，也与法律所倡导和保护善良风俗相背离。因此，在凭样品买卖合同中，出卖人应承担加重的瑕疵担保责任，即出卖人除了承担一般物之瑕疵担保责任，担保所交付的标的物与样品具有同一品质，还应承担一种特殊的瑕疵担保责任。这就是说，出卖人负有向买受人交付具有同种物通常标准的标的物的义务，如果出卖人交付的标的物存在隐蔽瑕疵，不管该标的物与样品是否完全相同，均需负物的瑕疵担保责任。这种加重的瑕疵担保责任的构成要件为：

1. 样品本身须存在隐蔽瑕疵

所谓隐蔽瑕疵，是指存在于标的物内部的凭一般买受人的经验，经一般通常的检查不易发现的样品品质缺陷。

如果买受人主张加重的瑕疵担保责任，应就样品本身的隐蔽瑕疵负举证责任。这里应当注意，样品本身的隐蔽瑕疵应于一方当事人将样品提供给对方当事人时即已存在，而不是在提供样品封存期间样品品质本身发生变化而产生的。其理由是，一方当事人提示时的样品为对方当事人接受，是双方当事人合意的体现，因此理所当然成为出卖人交付的标的物之品质标准。

此外，如果样品本身没有隐蔽瑕疵，而出卖人交付的标的物存在隐蔽瑕疵的，应当适用一般物之瑕疵担保责任。

2. 订立合同时买受人不知样品有隐蔽瑕疵且无重大过失

订立合同时买受人已知样品本身有隐蔽瑕疵的，则出卖人不负特殊瑕疵担保责任。因为当事人对所为的故意行为之后果都应由其自己承担，买受人既已知样品有隐蔽瑕疵而仍为买卖，则主观上为故意，法律无特别加以保护的必要。关于已知样品有隐蔽瑕疵，应注意两点：其一，指已经明确知晓隐蔽瑕疵，而不能是怀疑；其二，指买受人订立合同时知道样品有隐蔽瑕疵，而不是指其后知道。此处的"已知"较之凭样品买卖中一般物之瑕疵担保责任要严格。

买受人不知有隐蔽瑕疵的，出卖人也未必要负特殊瑕疵担保责任。如买受人的不知是出于其重大过失者，出卖人也可免除其瑕疵担保责任。此种情形应由出卖人负举证责任。所谓重大过失，是指没有尽到通常认为一般人的注意义务。如出卖人标明减价甩卖，买受人应知减价的货物样品可能有隐蔽瑕疵而仍购买货物，则买受人不知样品有隐蔽瑕疵为有重大过失。但出卖人因买受人的重大过失致不知样品有隐蔽瑕疵而免除特殊瑕疵担保责任的，有以下两种例外情形：一是出卖人保证样品无隐蔽瑕疵，二是出卖人故意不告知样品有隐蔽瑕疵。

3. 出卖人为善意

出卖人为善意即出卖人不知道样品有隐蔽瑕疵，如果出卖人明知样品有隐蔽瑕疵而故意隐瞒不告知买受人，则出卖人的行为将构成欺诈。此时亦将构成买受人主张适用欺诈而撤销合同或主张瑕疵担保责任的竞合问题，对此，买受人有选择权。

4. 出卖人交付标的物的品质应当符合同种物的通常标准

出卖人交付标的物的品质应当符合同种物的通常标准，而不是有隐蔽瑕疵的样品的标准。所谓通常标准，是指同类交易中产品通常应达到的标准，一般依合同目的、产品性能、产品用途来确定，它并非完全指的是人们所公认的或普遍接受的同种物的中等水平的质量标准，而应根据合同标的的不同情况具体分析，可能是国家标准，也可能是行业标准、地方标准或企业标准。

四、我国凭样品买卖合同制度的完善

（一）我国关于样品买卖合同的规定

我国《合同法》第 168、169 条对凭样品买卖合同作出了规定。第 168 条规定：凭样品买卖的当事人应当封存样品，并可以对样品质量予以说明。出卖人交付的标的物应当与样品及其说明的质量相同。第 169 条规定：凭样品买卖的买受人不知道样品有隐蔽瑕疵的，即使交付的标的物与样品相同，出卖人交付的标的物的质量应当符合同种物的通常标准。《买卖合同司法解释》第 40 条规定：合同约定的样品质量与文字说明不一致且发生纠纷时当事人不能达成合意，样品封存后外观和内在品质没有发生变化的，人民法院应当以样品为准；外观和内在品质发生变化，或者当事人对是否发生变化有争议而又无法查明的，人民法院应当以文字说明为准。

在样品买卖合同中，标的物的质量标准是以实物样品的方式约定的，样品的质量就是标的物所要达到的质量。在样品买卖合同中，标的物与样品的品质是否一样决定了买卖双方当事人的权利义务，所以，当事人双方保存好约定的样品，不使其品质在订立合同后发生变化，是至关重要的。

根据第 168 条的规定，当事人所提供的样品应当予以封存。封存应当在双方当事人已经确认该样品作为标的物的标准后及时进行。当事人还应当对样品的质量予以书面说明。当事人应当按照样品的质量要求履行交付标的物的义务。如果所交付的标的物不符合样品的质量标准，则构成违约，应当承担瑕疵担保责任。但是，应当由何方当事人承担举证责任？在这种情况下，应当按照"谁主张，谁举证"的原则，买受人应当承担举证责任。

第 169 条规定是关于样品买卖合同中的样品有隐蔽瑕疵时处理原则的规定，即凭样品买卖合同中的特殊瑕疵担保责任。这一规定是为了保护买受人的利益而作出的特别规定。样品买卖合同虽以样品为交付标的物的品质标准，但在样品存在隐蔽瑕疵而买受人又不知道的情况下，出卖人交付的标的物的品质就不能以此瑕疵样品为标准。在当事人封存了含有隐蔽瑕疵的样品的情况下，出卖人交付标的物的品质担保义务不能以该样品为准，而应以同种物所具有的通常品质为标准，即该标的物的质量应当符合同种物的通常标准。

（二）我国样品买卖制度中存在的问题及解决

虽然我国《合同法》第168、169条专门针对样品买卖作了规定，《买卖合同司法解释》也在第40条有进一步的解释，但我国对样品买卖合同的规定，在样品的选择、样品来源的区分和样品买卖合同的成立以及举证责任的规定上还有欠缺，不利于该领域内纠纷的解决。

1. 未区分样品的来源确定瑕疵责任

样品买卖合同中的样品来源有出卖人提供或者买受人提供两种途径。如果样品是由出卖人提供，买受人不知样品本身存在隐蔽瑕疵的，按照本条规定应当适用同种物的通常标准，比较容易理解；但是，如果样品本身就是由买受人所提供，出卖人按照该样品的质量标准供货，若因买受人不知样品本身存在的隐蔽瑕疵而提交货物的质量标准，显然对出卖人不公平，因此在此种情形下，如果出卖人交付的货物质量与样品一致，则应当认定出卖人不存在过错，对货物的瑕疵不承担瑕疵担保责任。

2. 样品物的选择与提供规则不明确

什么样的物可以充当样品，《合同法》无明确规定。有人认为"样品须从现货中选择而不能是特意制造的"。也有人认为"样品可以从已经存在的现货中选出，也可以在订约后制造和提供"。另有人认为样品只能由出卖人提供。

通说认为样品的选择与提供应遵循以下规则：第一，样品通常应当是种类物。因为特定物不具有再复制的功能，所以不能充当样品的角色。第二，样品既可以是现货，也可以是订约后制造的。因为实践中买卖合同的标的物不限于现实之物，将来之物也可成为买卖合同的标的物。当事人订立凭样品买卖合同之后，由一方当事人根据合同的要求特制样品，由双方确认并封存，所以将样品限制为现货没有依据。第三，样品既可由出卖人提供，也可以由买受人提供。实践中称之为"卖方样品和买方样品"，只要经双方共同确认并封存，均可作为样品，法律没有必要干涉。

3. 举证责任不明

《合同法》第168条中交付的标的物不符合样品的质量标准，由何方当事人承担举证责任？在这种情况下，应当按照"谁主张，谁举证"的原则，买受人应当承担举证责任。第169条对于买受人不知道样品存在隐蔽瑕疵，应当由谁承担举证责任，本条对此没有明确规定。按照"谁主张，谁举证"的基本原则，"不知道"的事实应当由买受人自己负责举证。

4. 样品买卖合同的成立时间如何，法律没有明确规定

样品买卖合同的成立时间有其特殊性，应区分不同情况确定合同的成立时间：第一，当事人就凭样品买卖合同达成合意之时，样品已经现实存在并经双方共同确认、封存的，口头合同于双方当事人合意达成之时。书面合同于双方当事人签字或盖章时，凭样品买卖合同即告成立。第二，当事人就凭样品买卖合同达成合意之时样品尚不存在，需待一方当事人依据合同事后提供的，样品经双方共同确认并封存之时凭样品买卖合同方始成立，以书面合同为例，虽然《合同法》规定签字或盖章时合同即已成立，但在凭样品买卖合同的样品确认并封存前，双方达成合意，其实仅只是对双方成立凭样品买卖合同的预约意思表示，因双方对样品并未确认封存，实际是对标的物质量标准尚未做出明确约定，而样品买卖合同区别于一般买卖合同的本质在于"样品作为

标的物质量标准的特殊性"，所以质量标准不明确不能视同买卖合同质量不明的情况适用《合同法》第 61、62 条进行推定，作为标的物质量标准既无约定又不能推定的情况下，凭样品买卖合同的实质性条款并不具备，合同尚不具备履行的条件，所以在上述情况下，即使合同已签字盖章，亦需样品确认并封存时方始成立。

第九章 拍卖、招投标买卖、优先权买卖、易货买卖

一、拍卖

（一）拍卖之概述

拍卖是指以公开竞价的形式，将特定物品或者财产权利转让给最高应价者的买卖方式。拍卖将拍卖物卖给出价最高者，拍卖公告对多数竞买人为要约引诱，以应买人之出价为要约，由拍卖人以拍板或其他惯用之方法对出价最高者为卖定（承诺）。拍卖的当事人包括委托人、拍卖人、竞买人、买受人，其权利和义务及拍卖的程序均由《中华人民共和国拍卖法》（以下简称《拍卖法》）规定。

在拍卖这种特种买卖中，出卖人和买受人并不直接达成交易，拍卖的一般程序是：由标的物的出卖人将标的物委托给拍卖人从而成为委托人，拍卖人作为出卖人的代理人，在众多竞买人的应价、竞买中公开拍卖标的物，最后拍卖人与应价最高的竞买人达成交易、签订拍卖合同，买受人向拍卖人支付价款，拍卖人将标的物及标的物所有权转移给买受人，并按约定或法律规定收取一定佣金后，将拍卖所得价款交给出卖人。这是拍卖成立的一般程序，它与一般的买卖成立程序不同。

拍卖与变卖不同。变卖，一般是指出卖财物，换取现款。与拍卖相比较，两者都是出卖财物的商业行为，但两者在出卖程序、方式、范围等方面存在相当大的差别。拍卖和变卖都可以作为在民事诉讼程序执行阶段中对到期不履行债务的义务人的财产采取的一种民事执行措施。但拍卖的公开性及竞争性，使拍卖严格区别于变卖。

1. 两者程序不同

拍卖必须先期公告，并通知有关人员到场；变卖则无此规定。

2. 两者期限不同

拍卖从对物品的公告，拍卖的时间均有明确的期限规定；而变卖则不受时间的限制。

3. 两者确定标的物价值的方法不同

拍卖时须对拍卖标的物进行估价，确定底价，然后通过竞价，确定拍卖标的价值；变卖则无此程序。

4. 两者采取的形式不同

拍卖采取公开的形式，以竞争的方式当场成交；而变卖则可直接交商业部门收购或代为出售。拍卖这种交易方式的主要机能在于利用买方之竞买获得或确保公正之市场价格，以消除可能由于卖方不熟悉市场行情或担心其代理人不尽责而引起之市场失效的疑虑。

5. 两者标的范围不同

拍卖的财产既适用于动产又适用于不动产；既适用于一般的财产，也适用于特殊价值的财产。对不动产的变卖和具有特殊价值财产的变卖，大多数国家均对其作了一定的限制。变卖一般适用于金银、当地市场有公开交易价格的动产、易腐烂变质的物品、季节性商品、保存困难或者保管费用过高的物品，对于不动产及其他财产首先应当选择拍卖，而不是变卖。因此，在强制拍卖中，拍卖的范围比变卖更广，其地位也比变卖更重要。

6. 在民事诉讼程序中，强制执行的范围不同

凡拍卖的物品，在拍卖之前须对其查封、扣押，一方面禁止债务人或所有人随意处分，另一方面也便于实施拍卖。换言之，凡没有被查封、扣押的财产，不能拍卖。而变卖的范围更广一些，它不仅包括查封、扣押的财产，也包括未经查封、扣押的被执行人的财产。

（二）拍卖的种类

目前主要的拍卖方式有以下四种。

1. 英式拍卖

其也称为"出价逐升式拍卖"，是目前最流行的网上拍卖方式。拍卖中，竞买人出价由低开始，此后出价一个比前一个要高，直到没有更高的出价为止，出价最高即最后一个竞买人将以其所出的价格获得该商品。传统的拍卖和网上的英式拍卖在做法上有所不同。传统拍卖中，对每件拍卖品来说，不需要事先确定拍卖时间，一般数分钟即可结束；而网上拍卖则需要事先确定拍卖的起止时间，一般是数日或数周。英式拍卖对卖方和竞买人来说都有缺点。既然获胜的竞买人的出价只需比前一个最高价高一点，那么每个竞买人都不愿马上按照其预告出价。当然，竞买人也要冒风险，他可能会被令人兴奋的竞价过程吸引，出价超出了预估价，这种心理现象被称为赢者诅咒。

2. 荷兰式拍卖

其是英式拍卖的逆行，也称为"出价逐降式拍卖"。它是先由拍卖人给出一个潜在的最高价，然后价格不断下降，直到有人

接受价格。荷兰式拍卖成交的速度特别快，经常用来拍卖诸如果蔬、食品之类的不易长期保存的鲜活产品。如果拍卖的是同类多件物品，竞买人一般会随着价格的下降而增多，拍卖过程一直进行到拍卖品的供应量与总需求量相等为止。还有的拍卖站点，出价最高者也可以以出价最低的获胜的竞买人的价格获得该产品。该方式的缺点是拍卖速度太快，而且需要所有竞买人在某一时候竞买。

3. 密封拍卖

其是指竞买人通过加密的 E-mail 将出价发送给拍卖人，再由拍卖人统一开标后，比较各方递价，最后确定中标人。网上密封拍卖多用于工程项目、大宗货物、土地房产等不动产交易以及资源开采权出让等交易。目前，这种拍卖方式已被越来越多国家政府用于在网上销售库存物资以及海关处理的货物。密封拍卖可分为一级密封拍卖和二级密封拍卖。一级密封拍卖也称为密封递价最高价拍卖，即在密封递价过程中，出价最高的竞买人中标。如果拍卖的是多件相同物品，出价低于前一个的竞买人购得剩余的拍卖品。二级密封拍卖也称为密封递价次高价拍卖，其递价过程与一级密封拍卖类似，只是出价最高的竞买人是按照出价第二高的竞买人所出的价格支付价金，这降低了竞买人串通的可能性，获胜者不必按照最高价付款，从而使所有的竞买人都想以比其一级密封拍卖中高一些的价格出价。威廉·维克瑞因对此拍卖的研究而荣获 1996 年诺贝尔经济学奖，因此，二级密封拍卖也称为维氏拍卖。

4. 双重拍卖

该方式是买方和卖方同时递交价格和数量来出价。在网上双重拍卖中，买方和卖方出价是通过软件代理竞价系统进行的。拍卖开始前，买方向软件代理竞价系统提交最低出价和出价增量，卖方向软件代理竞价系统提交最高要价和要价减量。网上拍卖信息系统把卖方的要约和买方的要约进行匹配，直到要约提出的所有出售数量都卖给了买方。双重拍卖只对那些事先知道质量的物品有效。例如，有价有标准级别的农副产品，通常这类物品交易的数量很大。网上双重拍卖既可按照公开出价方式也可按照密封递价方式进行。

目前国内外的拍卖网站，其竞价模式实际上只有两种，即正向竞价和逆向竞价；其交易方式则有三种：竞价拍卖、竞价拍买和集体议价。

（三）拍卖的当事人

拍卖当事人是指拍卖人、委托人、竞买人、买受人。

1. 拍卖人

拍卖人是指依照《拍卖法》和《中华人民共和国公司法》设立的从事拍卖活动的企业法人。具有合法资质的拍卖师代表企业法人主持拍卖活动。拍卖人有向竞买人说明拍卖标的已知和应当知道的瑕疵的义务，有对委托人交付的标的物保管的义务，委托人、买受人要求保密的应当为其保密。拍卖人不得在自己组织的拍卖活动中拍卖自己的物品或者财产权利，不得参与竞买，也不得委托他人代为竞买。拍卖人在拍卖成交后应按约定向委托人交付成交价款，向买受人移交标的。

2. 委托人

委托人是指委托拍卖人卖出具有所有权或处置权的物品或者财产权利的公民、法人或者其他组织。委托人可以自行办理委托拍卖手续，也可以由其代理人代为办理委托拍卖手续。委托人有向拍卖人说明标的的来源和瑕疵的义务，有确定拍卖标的保留价格并要求拍卖人保密的权利，有按照约定在拍卖成交后移交拍卖标的的义务。委托人享有拍卖标的成交后所得到的利益，但同时受到"应买禁止"的约束不得参与竞买，也不得委托他人代为竞买。

3. 竞买人

竞买人是指参加竞购拍卖标的的公民、法人或者其他组织，竞买人可以自行参加竞买，也可以委托其代理人参加竞买。竞买人有权了解拍卖标的的瑕疵，有权查验拍卖标的和查阅有关拍卖资料。

竞买人一经应价，不得撤回，当其他竞买人有更高应价时，其应价即丧失约束力。竞买人应熟悉拍卖程序和遵守拍卖规则。认真审视标的或标的物，必要时可聘请专家帮助鉴定。拍卖竞价时应有良好的心理素质，沉着冷静、审时度势。不可被竞价气氛左右情绪，避免盲从和激动。竞买人之间，竞买人与拍卖人之间不得恶意串通，损害他人利益。

4. 买受人

买受人是指以最高应价购得拍卖标的的竞买人。"竞买人"、"买受人"有时亦统称买家。买受人未能按约定支付价款应当承担违约责任，或者由拍卖人征得委托人同意将拍卖标的再行拍卖。拍卖标的再行拍卖的，原买受人应当支付第一次拍卖中本人及委托人应当支付的佣金。再行拍卖的价款低于原拍卖价款的，原买受人应当补足差额。买受人未能按约定取得拍卖标的的，有权要求拍卖人或者委托人承担违约责任。

（四）拍卖的成立和履行

1. 拍卖的成立

拍卖的成立一般要经过三个阶段（拍卖表示、应买表示、买定表示）。

（1）拍卖表示。

拍卖表示包括拍卖公告、货物展示和拍卖师作出的拍卖表示。拍卖虽然有拍卖表示，但其性质上仍属于要约引诱，而不是要约。因为，拍卖师不受其意思表示的拘束，拍卖师的报价只是为了引起竞买者的竞买。根据《拍卖法》第 50 条的规定，拍卖标的无保留价的，拍卖师应当在拍卖前说明，否则，拍卖师应对竞买人的最高报价必须拍定。如果拍卖标的有保留价，竞买人的最高应价未达到保留价时，该应价不发生效力，拍卖师应当停止拍卖标的的拍卖。

（2）应买表示。

拍卖公告是一种要约引诱，竞买人的应买报价即为要约，而拍卖师的拍定即为承诺。因此，竞买人一经应价，不得撤回，当其他竞买人有更高应价时，其应价即丧失约束力。易言之，没有其他竞买人报出更高应价时，合同生效；否则，合同失去效力。另外，拍卖人及其工作人员不得以竞买人身份参与自己组织的拍卖活动，并且不得委托他人代为竞买；委托拍卖的人也不得参与竞买，并且也不得委托他人代为竞买。否则，工商行政管理部门应给予拍卖人或委托人以行政处罚，其拍卖无效。

（3）买定表示。

竞买人的最高应价经拍卖师落锤或者以其他公开表示买定的方式确认后，拍卖成交。拍卖成交后，买受人和拍卖人签署成交确认书。拍卖成交后，拍卖人应当按照约定将标的物交给买受人，买受人也应当按照约定受领标的物。拍卖人或委托人不交付标的物的，应当承担违约责任；买受人不按照约定受领标的物，应当支付由此产生的保管费用。

2. 拍卖的履行

根据最高人民法院《关于人民法院民事执行中拍卖、变卖财产的规定》（以下简称《拍卖规定》）第 25 条规定，拍卖成交或者以流拍的财产抵债后，买受人逾期未支付价款或者承受人逾期未补交差价而使拍卖、抵债的目的难以实现的，人民法院可以裁定重新拍卖。重新拍卖时。重新拍卖的价款低于原拍卖价款造成的差价、费用损失及原拍卖中的佣金，由原买受人承担。人民法院可以直接从其预交的保证金中扣除。扣除后保证金有剩余的，应当退还原买受人；保证金数额不足的，可以责令原买受人补交；买受人拒不补交的，强制执行。

由此可以看出，如果买受人不能按期支付拍卖款的，应当裁定重新拍卖。但如果重新拍卖的价格低于原拍卖价格的，应由原买受人承担赔偿责任。原买受人若不履行赔偿义务时，权利人是否应通过另诉程序求偿，理论界有不同的看法。《拍卖规定》第 25 条显然采纳了由执行程序直接执行差价款的思路。此规定是比较符合司法实践需要的，一方面避免了当事人的讼累，另一方面也使执行程序不至于因另诉程序而长时间拖延，有利于保障执行的效率，原买受人有异议的也有救济途径，即可以通过执行异议程序解决。但是执行中，任何对当事人及案外人采取的强制执行措施都必须要有执行依据，对原买受人的强制执行亦不能例外。因此，对原买受人强制执行的程序还需要设计，《拍卖规定》第 25 条并没有作出规定。

（五）拍卖之瑕疵责任

1. "瑕疵不担保"规定的立法目的及适用前提

《拍卖法》第 61 条第 2 款规定：拍卖人、委托人在拍卖前声明不能保证拍卖标的的真伪或者品质的，不承担瑕疵担保责任。该条文通常被称为拍卖行业的"瑕疵不担保"规定。纵观拍卖法的相关规定，"瑕疵不担保"条文的立法本意不在于盲目保护拍卖企业，而应理解为"当拍卖企业不知道或不应当知道标的物存在瑕疵时，才能够通过声明免除瑕疵担保责任"。这是考虑到当今艺术品种类繁多，对于某些艺术品的鉴定确实存在较高技术难度，严格要求拍卖企业保真，对拍卖行业的发展将造成不利影响。

"瑕疵不担保"规定并不当然适用于所有拍卖活动，其适用有两个前提：一是拍卖企业不知道或不应当知道标的物存在瑕疵，事后亦无法证明；二是拍卖企业已对标的物履行了基本审查义务，例如对委托人提供的文件、资料进行了审核，对认为需要鉴定的，可以进行鉴定。在上述前提均满足的情况下，拍卖企业通过竞买规则或在拍卖活动中声明不承担瑕疵担保责任的，才能够免除相应责任。

具体可参考下述案例：2013 年身为银行风险管理师的黄某在未参加拍品预展的情况下，以 6 万元的价格从拍卖公司拍得一枚翡翠扳指。后经鉴定，该拍品材质并非翡翠，而是染色石英岩。黄某遂将拍卖公司诉至法院，要求其承担赔偿责任。拍卖公司认为，黄某因自身原因未参加预展，应承担风险，且拍卖公司在宣传图册首页已写明"对拍品的真伪或品质，不承担瑕疵担保责任"，黄某已确认收到图册，应视为认可该声明。根据《拍卖法》第 61 条第 2 款的规定，黄某的诉求不应得到支持。案件审理中，法院调取了拍卖公司与拍品委托人签订的委托合同，合同载明"拍品存在瑕疵"，但未注明瑕疵内容。拍卖公司在拍品图册及网络宣传中，均未注明拍品存在瑕疵。法院最终认定，拍卖公司未对拍品瑕疵进行如实披露，"瑕疵不担保"声明不生效，其应对黄某承担赔偿责任。判决拍卖公司退还黄某 6 万元，一、二审诉讼费由黄某承担。

本案中，拍卖公司虽然进行了免责声明，但根据委托合同，拍卖公司在拍卖前已了解拍品存在瑕疵，却未向竞买人如实披露。因委托合同中未注明"瑕疵"是什么，当然也包含拍品本身的真伪或品质存在问题。所以，本案不能适用《拍卖法》第 61

条第 2 款的规定，法院依据《合同法》第 53 条"因故意或重大过失造成对方财产损失时，合同中的免责条款无效"之规定及商务部颁布的《拍卖管理办法》第 53 条第 2 款"拍卖企业、委托人明确知道或应当知道拍卖标的有瑕疵时，免责声明无效"之规定，认定拍卖公司的免责声明无效，其应向黄某承担赔偿责任。

2. 买受人在拍卖活动中应承担的责任

拍卖活动中的买受人是指通过参加竞购，最终购得拍卖标的的公民、法人或其他组织。尽管相关法律对买受人的资格和素质没有作出硬性规定，但由于拍卖活动是一种特殊的交易行为，具有法律约束力较强的交易规则，尤其是艺术品拍卖，通常价格昂贵，作为买受人一方，应对常见的拍卖规则有一定了解，对自身的竞拍行为应尽到审慎义务，并具备一定的风险预估能力。因此，在拍卖公司的行为符合法律规定的情况下，买受人应当承担拍品的瑕疵风险。以上述案件为例，黄某作为买受人，因自身原因未参加预展，在没有看到拍品实物的情况下参与竞拍，对其最终拍得非翡翠材质的拍品也负有一定责任。但导致黄某对拍品材质毫不怀疑、积极参与竞拍的主要责任在于拍卖公司未如实披露瑕疵，所以本案的主要责任仍在于拍卖公司，拍卖公司应承担赔偿责任。法院最终将一、二审诉讼费判由黄某承担，即是对黄某未尽其义务的认定与惩戒。

3. 拍卖人、委托人在拍卖活动中应承担的责任

拍卖人、委托人违反《拍卖法》第 18 条第 2 款、第 27 条的规定，未说明拍卖标的的瑕疵，给买受人造成损害的，买受人有权向拍卖人要求赔偿；属于委托人责任的，拍卖人有权向委托人追偿。因拍卖标的的存在瑕疵未声明的，请求赔偿的诉讼时效期间为一年，自当事人知道或者应当知道权利受到损害之日起计算。因拍卖标的的存在缺陷造成人身、财产损害请求赔偿的诉讼时效期

间，适用《中华人民共和国产品质量法》和其他法律的有关规定。

（六）拍卖的程序

《拍卖法》规定了拍卖程序有三个阶段：

第一个阶段是拍卖委托。委托人委托拍卖物品或者财产权利，应当提供身份证明和拍卖人要求提供的拍卖标的物的所有权证明或者依法可以处分拍卖标的物的证明及其他资料，并与拍卖人签订委托拍卖合同，合同应包括以下内容：委托人、拍卖人的姓名或者名称、住所，拍卖标的的名称、规格、数量、质量，委托人提出的保留价，拍卖的时间、地点，拍卖标的交付或者转移的时间、方式等。

第二个阶段是拍卖公告展示，即拍卖人应于拍卖七日前发布拍卖公告，拍卖标的物的展示时间不得少于二日。

第三个阶段是拍卖的实施，在此阶段，拍卖师报出标的物的底价，众多竞买人应价，竞买人的最高应价经拍卖师落槌或者以其他公开表示买定的方式确认后，拍卖成交。拍卖成交后，买受人和拍卖人应当签署成交确认书

二、招投标买卖

（一）招投标买卖的概述

招投标买卖，是指订立合同的一方当事人采取招标公告的形式，向不特定主体发出邀请，受邀投标人按照招标人提出的要求，在规定的期间内向招标人发出的以订立合同为目的，包括合同全部条款的意思表示，最后由招标人按投标定标承诺的买卖。这种买卖方式一般用于政府采购活动中，以保证买受方以最合适

的价款取得所要求的标的物。

招标投标买卖是实践中经常采用的一种订立买卖合同的形式，它具有公平、公正、公开的特点，增加了合同订立的透明度。

（二）招标投标买卖的程序

招标投标买卖分为以下几个阶段。

1. 招标阶段

招标阶段是指招标人采取招标通知或招标公告的形式，向不特定的数人或公众发出的投标邀请。招标人（买受人）对自己所需要的标的物事先公开要求，使众多的投标人即出卖人参加竞争出卖自己的标的物，由招标人按照法定的程序确定出卖人所出卖的标的物的行为。

关于招标的性质，两大法系均系认为招标属于要约邀请而不是要约，所不同的是英美法系认为招标虽属于要约邀请，但并非无法律意义，只有招标内容发出后，才在法律上对承、发包方均有约束力。我国学者一般认为，招标的法律性质为要约邀请，其目的是邀请投标人投标，即发出要约。但是，如果招标人在招标公告中已明确表示将与报价最优者订立合同，这一招标行为则已具有要约的性质。

2. 投标阶段

投标阶段即投标人根据招标人的要求提出投标材料和报价的行为。投标是投标人（出标人）按照招标文件的要求，在规定的期间内向招标人提出报价的行为。拟投标人必须在招标通知或招标公告规定的期限内，到指定地点索取招标文件，按该文件的规定和要求编制好有关文件、资料，做好参加投标的各项工作。投标书制好并密封后按规定的方法、地点、期限投入标箱。

投标的法律性质为要约,在投标发出至定标的期间,投标人不得变更或撤回投标报价及其他投标所需提供的材料。在投标人投标以后必须有招标人的承诺,合同才能成立。

3. 开标、验标阶段

开标是指招标人在召开的投标人会议上,当众启封标书,公开标书内容的行为。验标是验证标书的效力,对不具备投标资格的标书、不符合招标文件规定的标书以及超过截止日期送达的标书,招标人可宣布其无效。

4. 评标、定标阶段

招标人对有效标书进行评审,选择自己满意的投标人,决定其中标。该定标若是对投标的完全接受,就是承诺。招标人最终决定中标人并与之订立合同,招标人对符合标的物要求的投标,在相同条件下,应以报价最低者为定标。定标发生承诺的效力,双方当事人的意思表示完全一致,合同即成立。

5. 签订合同阶段

中标人在接到中标通知后,在指定的期间与地点同招标人签订合同书。签订合同是对业已成立的合同关系的确认。

三、优先权买卖

(一) 优先权买卖的概述

优先权买卖又叫先买权,是指在买卖交易中,法律规定在同等条件下先买权人有优先于他人购买的权利的买卖合同。先买权的来源是多种多样的,如合伙财产分割,按份财产分割都会产生先买权,承租房屋的买卖交易中也会产生承租人的优先购买权等。先买权的存在,影响着先卖义务人与第三人订立买卖合同的效力。也就是说先卖义务人与第三人约定的买卖以不行使先买权为条件，约定先卖义务人在先买权人行使先买权时保留解除权者，此种合同条款对先买权人无效。先卖义务人应将其与第三人订立的合同的内容，立即通知先买权人，先买权人得在合理期限内行使先买权，先买权人对于强制执行方式或破产管理人所为的出卖，不得行使先买权。

1. 优先购买权的制度价值

优先购买权是对出卖人所有权行使设置的一个合理的负担，是以牺牲出卖人和第三人的合法利益为代价，换取对先买权人特殊利益的保护。民法上的优先购买权制度自拜占庭时期的罗马法于租佃关系中确立，之后被法、德民法典继承，并得以完善和发展。中国古代法上也有"应典卖倚当物业，先问房亲，房亲不要，次问东邻"类似优先购买权的规定。优先购买权作为民法上的一项制度能够长期坚持下来，并被社会所接受，必有其合理性，而正是这种合理性和正当性满足了社会主体对一定社会价值的追求。

优先购买权制度有利于最大限度地充分发挥物质财富的经济效益，以做到物尽其用。自由和效率是司法上的两个原则，但它们并非相互排斥，而是相互促进的。就自由而言，保障和实现个人在其财产范畴的形成空间；就效率而言，应使物归于能最适于发挥其效用之人。赋予特殊主体在同等条件下以优先购买权，一方面保护了出卖人利益；另一方面可使先买权人基于原有的基础法律关系或法律事实，扩大对出卖物的支配范围，并按自己的意志优化其使用方式，满足其生产生活需要，同时优先购买权制度有利于简化交易程序，降低交易成本，增进交易效率。

优先购买权制度体现了法律的公平正义理念，在物权转让中，较之于第三人，先买权人更易受到出卖人任意处分出卖物所带来的侵害，影响其生产生活和社会经济秩序的稳定。为了维护先买权人的合法权益，对出卖人与第三人的交易自由进行适当的限制是必要而适当的。同时优先购买权行使条件为同等条件，因而对出卖人利益并未造成实质损害。

为了尽可能维护已经建立起来的法律关系，维护经济生活秩序，立法者确立优先购买权。在出卖人出卖标的物前，先买权人已于事实上占有、使用出卖的标的物，并在生产、生活上对其形成了一定的依赖。相比于第三人，出卖物产权变动与先买权人有更大的利害关系。

2. 优先购买权的性质

《合同法》第230条规定了基于共同共有和基于租赁关系而享有的优先购买权，但没有规定优先购买权的法律性质，优先购买权的性质在学说上有物权说、债权说、期待权说和形成权说等。

物权说认为优先购买权归属于优先权，而优先权为独立的物权类型，即为保障某种权利实现而在该权利之外确定的另一种权利。优先购买权是指在同等的条件下对他人的不动产享有的优于第三人的购买权。购买权按通常的文义可以解释为请求卖与的权利，就本质而言更接近于请求权而非支配权，所以笔者认为，优先购买权不属于物权。

债权说认为优先购买权附随于买卖关系，本质仍属于债权。笔者认为，优先购买权虽然在一定程度上具有请求权的性质，但不能等同于债权。请求权与债权为交融关系，而不是等同概念。债的相对性决定债的约束力仅在特定的当事人之间产生，而事实上由于优先购买权的存在使其效力不仅影响出卖人的处分权，而且对不特定的可能为第三人的购买者产生影响。这种能对所有权人的处分权能产生影响的，不应当是债权。

期待权说认为标的物的所有权人未将标的物出卖，则优先购买权人的权利尚未现实化，只处于期待权状态。这种将优先购买权解释成期待权的观点，回避了对优先购买权的本质识别，而我们对权利的本质识别应建立在既得权（也称完整权），即具备权利取得的一切要件的情况下来判断。如当事人已经在行使优先购买权的情况下，我们还能说优先购买权是期待权吗？

形成权说认为，优先购买权得依一方之意思，形成以义务人出卖与第三人同样条件的标的物为内容的契约，而无需义务人（出卖人）之承诺。唯此项形成权附有停止条件，只有在义务人出卖标的物于第三人时，才能够行使。

我国司法实践中在承认优先购买权为债权的同时，考虑到它对第三人的影响，而赋予准物权的效力，以解释优先购买权为债权的情况下为何优于第三人在普通购买的情形下形成的一般债权。但这种做法产生的法律和社会效果往往不尽如人意：一是法院的判决仅能阻却共有人或所有人在同等条件下向第三人出卖，而不能使优先购买权人实际上取得该不动产的所有权。优先购买权有无用之嫌。二是因诉讼中双方当事人的对垒，使出卖人在善意的情况下以合理的价格将房屋卖给优先购买权人成为不可能，反而诱使双方以虚假合同欺骗优先购买权人。所以将优先购买权作准物权或修正债权的解释不妥。从判决的社会效果的利益角度来衡量，通说认为宜采用形成权或附条件的形成权说为佳，且这种解释也符合优先购买权的立法目的。

（二）行使优先购买权的条件

1. 行使优先购买权的时间条件

时间条件是优先购买权人主张权利的合理期限，未在规定的时间内主张的丧失，优先购买权。例如《城镇房屋租赁合同解释》第23、24条规定，承租人需要在合理期限内行使优先购买权。①一般情形下，承租人应自接到通知之日起15日内行使；期满未行使的，视为放弃优先购买权。②拍卖出租房屋的，承租人应自接到通知之日起 5 日内行使。(《城镇房屋租赁合同解释》第 23 条规定出租人委托拍卖人拍卖租赁房屋，应当在拍卖 5 日前通知承租人。承租人未参加拍卖的，人民法院应当认定承租人放弃优先购买权。)

由于合伙财产分割，共有人财产分割当中优先购买权的行使时间没有法律规定，当事人可以约定行使优先购买权的时间。

2. 优先购买权须为同等条件下的先买权

同等条件主要指价格条件。在买卖合同中，价格条款是其核心条款，集中反映了合同当事人的利益。只有在价格条件相同前提下，才能保障在优先购买权行使的同时，维护出卖人的利益，实现法律公平、合理的精神。但这里的价格是指在公平、合法的前提下形成的价格，若该价格条件是在欺诈、胁迫或恶意串通等情况下形成的，则不得成为先买权人购买的"相同价款"。此时先买权人可以申请人民法院以市场价格作为购买价格。除价格外，衡量"同等条件"还应当考虑付款期限、付款方式。

因为付款期限、付款方式将会涉及出卖人的期限利益、价款受偿的风险。在行使优先购买权时，先买权人不得超过第三人向出卖人支付价款期限而主张与出卖人订立合同，但出卖人同意的除外。如果出卖人允许第三人延期付款，由于延期付款涉及付款人的信用和出卖人承担的价款可能不受清偿的风险，因而只有在先买权人就延期支付价款提供了相应的担保，足以保障出卖人能按期受偿时，才可将延期付款视为同等条件。同时如果第三人允诺一次性付清，则先买权人主张分期付款的，则不能构成同等条件。

在特殊情况下还要具体问题具体分析来确定"同等条件"情况，出卖人可能会因某种特殊原因的存在而决定将标的物卖于第三人或以较为优惠的价格卖于第三人，在这种情况下是否适用优先购买权以及如何确定"同等条件"呢？笔者认为，在这种情下不适用优先购买权制度将会造成出卖人与第三人为了规避优先购买权的适用，恶意串通，故意制造"特殊原因"，这样将会造成优先购买权制度形同虚设，难以发挥其应有的作用，故应适用优先购买权。这种情况下"同等条件"确定可以考虑遵循下列原则：

（1）当出卖人与第三人所订立的合同中有从给付义务的，若该从给付义务先买权人可以履行，则为了保护出卖人的利益，如果先买权人不愿履行该从给付义务，则视为未达到"同等条件"；若先买权人不能履行该从给付义务，则只有在先买权人可以价金代替该从给付义务或者没有该从给付义务，合同仍可成立时才能行使优先购买权。

（2）当出卖人基于某种特殊的原因给予其他买受人一种较为优惠的价格时，而这种特殊原因能以金钱计算，则应折合金钱计入价格之中。如果不能以金钱计算，那么应以市场价格来确定。当然，我们应该考虑到，将优惠价格赖以形成的基础（特殊原因）折价，不仅存在一定难度，而且与一般道德标准相悖，不利于弘扬公民之间互助友爱的道德风尚，即使以市场价格来补偿，也只能使出卖人眼前的现实利益得以维护，仍会损害其未来利益及其与第三人之间的各种利益关系。但是我们在适用法律时要对各种利益关系予以衡量，保护社会效益最大的利益关系，在互助友爱的道德风尚与法定的先买权人利益之间，我们当然会选择后者。而且笔者认为对于公民之间互助友爱的道德风尚，出卖人可以通过其他方式给对方以补偿，而并非必须以出卖标的物给对方的方式。

（3）当出卖人转让给第三人的标的物大于优先购买权的标的物时，如果其为可分物，则先买权人可仅以优先购买权标的物部分与出卖人订立合同；若为不可分物，并且该不可分物的分割致使权利人显受损失的，则先买权人有权要求扩大优先购买权标的物及于不可分物全部而订立合同。

依照上述标准确定"同等条件"后，当先买权人提供的条件优于或等于同等条件时，则优先购买权即可得以行使。因此法律规定"同等条件"的意义在于：一是表明优先购买权的相对性和有条件性，二是表明优先购买权并不以损害出卖人的实体利益为代价，三是表明优先购买权之设立并不绝对得剥夺其他人的购买机会。因而我们在把握"同等条件"时也应当考虑出卖人、第三人、先买权人三方当事人之间利益关系的平衡。

（三）优先购买权的排除情形

根据《城镇房屋租赁合同解释》第 24 条的规定，在下列四种情形下，承租人不享有优先购买权：其一，有房屋共有人优先购买权的（包括按份共有人、共同共有人行使优先购买权），即房屋共有人的优先购买权优于承租人的优先购买权。其二，近亲属的优先权，即出租人将房屋出卖给近亲属，包括配偶、父母、子女、兄弟姐妹、祖父母、外祖父母、孙子女、外孙子女的，近亲属的优先购买权优于承租人的优先购买权。其三，出租人履行通知义务后，承租人在 15 日内未明确表示购买的，即承租人须在 15 日内行使优先购买权。其四，第三人不知房屋已经出租而善意购买房屋，且已经办理过户登记手续的。

优先购买权制度确实能够带来巨大的社会利益。但优先购买权制度毕竟触动了私法制度的根基——意思自治和交易安全制度，若对其适用不加以严格限定，则会使出卖人和第三人之间的买卖关系处于一种不稳定的状态，就会挫伤第三人投资的积极性，不利于社会经济发展和经济秩序稳定。因而法律应对优先购买权的适用范围和行使条件做出严格规定，在出卖人、第三人、先买权人之间寻求利益上的平衡点，使其真正能够发挥稳定社会经济秩序、增进交易效率、保护弱势群体的作用。

首先，从客体上看，无论是大陆法系还是英美法系，优先购买权一般都以不动产作为客体。但依中国现行法，优先购买权客体亦及于共有的动产。原因在于一些无偿使用或者在动产上形成的物的用益关系，或因其为无偿使用，或因其标的为动产，价值较低，市场上较易获得，故无赋予其优先购买权的必要。

其次，从优先购买权的适用范围看，法律应从上述价值目标出发，对优先购买权产生的基础法律关系或法律事实予以明确限定。

再次，对于优先购买权的行使条件法律上应做出明确的规定，对于其行使的"同等条件"及"行使期限"法律上应做出明确且具有可操作性的规定，从而减少因行使优先购买权而产生的纠纷。

只有这样，优先购买权制度才能使保护先买权人特殊利益与鼓励交易、促进交易安全的价值目标同时实现，才能真正实现立法者对稳定秩序、增进效率、维护公平的追求。

四、易货买卖

易货买卖是指双方当事人约定以货币以外的财物进行交易。易货买卖合同也称为互易买卖合同，与一般的买卖合同的主要区别：一是互易合同是以给付物为对价，而买卖合同需以给付金钱为对价；二是互易合同的双方当事人要转移标的物的所有权，标的物所有权的转移方法依法律规定，而一般的买卖合同只是出卖人转移标的物所有权，买受人只有给付价款的义务；三是互易合同中交换的标的物不一定完全的等价。由于互易合同是转移标的物所有权的合同，具有买卖合同的一般特征，多数国家的立法一般都对互易合同作简单的规定，具体的权利义务参照适用买卖合同的有关规定，我国也采用世界通行的做法，在《合同法》第

175 条规定：当事人约定易货交易，转移标的物的所有权的，参照买卖合同的有关规定。

互易合同中，双方当事人的义务主要有：第一，按照合同的约定向对方交付标的物并转移标的物所有权（或其他权利）；第二，当事人相互对各自交付的标的物负瑕疵担保责任；第三，当事人之间的互易为补足价金互易的，负补足价金义务的当事人除按约定交付互易的财物并转移其所有权外，并应按照约定的时间和地点支付应补足的金额。

参考文献

著作类

[1] 孙应征. 买卖合同法律原理与实证解析 ［M］. 北京：人民法院出版社，2005：349－363.

[2] 来奇. 买卖合同 ［M］. 北京：中国民主法制出版社，2003：10－22.

[3] 隋彭生. 合同法要义 ［M］. 北京：中国政法大学出版社，2011：82－91.

[4] 李永军. 合同法 ［M］. 北京：法律出版社，2010：66－67.

[5] 陈小君. 合同法新制度研究与适用 ［M］. 珠海：珠海出版社，1999：111－113.

[6] 唐德华. 合同法条文释义 ［M］. 北京：人民法院出版社，2000：941－950.

[7] 史尚宽. 债法各论 ［M］. 北京：中国政法大学出版社，2000：6－13.

[8] 史尚宽. 民法总论 ［M］. 北京：中国政法大学出版社，2000：297－325.

[9] 黄茂荣. 买卖法 ［M］. 北京：中国政法大学出版社，2002：202－232.

[10] 王军. 美国合同法 ［M］. 北京：中国政法大学出版社，1996：15－18.

[11] 丁玫. 民法大全选译（契约之债）[M]. 北京：中国政法大学出版社，1992：11—25.

[12] 王泽鉴. 民法学说与判例研究（第1册）[M]. 北京：中国政法大学出版社，1998：86—104.

[13] 崔建远. 合同法 [M]. 北京：法律出版社，2010：96—115.

[14] 吴志忠. 美国商事法研究 [M]. 武汉：武汉大学出版社，1998：21—95.

[15] 陈静娴. 合同法比较研究 [M]. 北京：中国人民公安大学出版社，2006：348—372.

[16] 岳彩申. 合同法比较研究 [M]. 成都：西南财经大学出版社，1995：11—21.

期刊类

[1] 吴凯. 论预约合同的效力与违约责任 [J]. 浙江万里学院学报，2018（3）：32—37.

[2] 杨洪亚，朱立龙. 浅析所有权保留的法律效力 [J]. 人民法治，2015（9）：31—32.

[3] 柴振国，史新章. 所有权保留若干问题研究 [J]. 中国法学，2003（4）：69—76.

[4] 张力，刘小砚. 动产买卖合同解除前风险负担研究 [J]. 广西社会科学，2015（11）：112—116.

[5] 迟颖. 从物之瑕疵责任的变迁看德国给付障碍法的国际化趋势 [J]. 研究生法学，2011（1）：5—17.

[6] 王利明. 中德买卖合同制度的比较 [J]. 比较法研究，2001（1）：21—37.

[7] 刘永锋. 论买回买卖、所有权保留买卖及试用买卖在商品房买卖中的适用及其意义 [J]. 法制与经济（中旬刊），2010

（1）：88－89，91.

[8] 谢晗. 论《合同法》中的诚实信用原则 [J]. 河北企业，2017（5）：172－173.

[9] 宁丽红. 分期付款买卖法律条款的消费者保护建构 [J]. 华东政法大学学报，2013（2）：85－94.

[10] 翟云岭. 论凭样品买卖 [J]. 法学，2004（1）：73－79.

[11] 赵雅博. 所有权保留制度若干问题初探 [J]. 知识经济，2015（4）：30.

[12] 何小金. 所有权保留的法律研究 [J]. 法制博览，2017，（20）：212.

[13] 王利明. 所有权保留制度若干问题探讨 [J]. 人民法治，2015，（9）：9－12.

[14] 李永军. 所有权保留制度的比较法研究——我国立法、司法解释和学理上的所有权保留评述 [J]. 法学论坛，2013，28（6）：11－21.

[15] 蔡旻君，袁佩. 浅析商品房预售合同买受人权益保护 [J]. 法制博览，2018（19）：192－193.

[16] 王轶. 论所有权保留的法律构成 [J]. 当代法学，2010（2）：21－26.

[17] 崔建远. 风险负担规则之完善 [J]. 中州学刊，2018（3）：56－61.

[18] 何波. 买卖合同质量异议期和试用买卖的认定及责任承担 [J]. 法律适用，2009（3）：82－85.

[19] 邓沁婷. 合同特殊生效规则刍议——以试用买卖合同为例 [J]. 金田，2014（8）：357－359.

[20] 梁慧星. 论出卖人的瑕疵担保责任 [J]. 比较法研究，1991，5（3）：29－47.

[21] 韩世远. 出卖人的物的瑕疵担保责任与我国合同法 [J].

中国法学，2007（3）：170-190.

［22］周友军. 论出卖人的物的瑕疵担保责任［J］. 法学论坛，
2014，29（1）：107-113.

［23］翟云岭. 论买回权［J］. 法学论坛，2002（1）：61-66.

［24］石冠彬. 论无权处分与出卖他人之物［J］. 当代法学，
2016，30（2）：110-118.

后　记

　　法律是现代人追求正义价值实现的希望所在，因为众多学法者的努力，才有了中国法律界的兴盛和繁荣。笔者在整理自身思绪之余，通过本书的写作加深对《民法总则》的探讨和理解，促进知识的更新，为教学工作积累大量的有实际意义的素材。笔者虽从事《合同法》教学多年，但是对于很多技术和法律上的问题仍然存有很多疑问，学无止境，凡本书不成熟的地方，敬请同行指正。

　　本书的完成要感谢学者们的智慧与法学院同行们的支持，在此特别感谢李自玉老师、洪晓华老师对我的鼓励和无私的帮助，感谢编审李勇军老师对这本书的辛勤付出。

　　在此借王祎的诗句"谁信西行从此始，一重天外一重天"来纪念这次写作和这个夏天。

著　者

2018 年夏于成都